Jakob Bächtold
Briefwechsel zwischen
Theodor Storm und Eduard Mörike.

SEVERUS Verlag

Bächtold, Jakob: Briefwechsel zwischen Theodor Storm und Eduard Mörike. Zeugnisse einer literarischen Freundschaft. 2019
Neuauflage der Ausgabe von 1889
ISBN: 978-3-96345-132-4

Korrektorat: Chiara Mohme
Satz: Chiara Mohme

Umschlaggestaltung: Annelie Lamers, SEVERUS Verlag
Umschlagmotiv: www. pixabay.com

Bibliografische Information der Deutschen Nationalbibliothek: Die Deutsche Nationalbibliothek verzeichnet diese Publikation in der Deutschen Nationalbibliografie; detaillierte bibliografische Daten sind im Internet über https://dnb.de abrufbar.

Der SEVERUS Verlag ist ein Imprint der Bedey & Thoms Media GmbH, Hermannstal 119k, 22119 Hamburg

---

SEVERUS Verlag, 2019
http://www.severus-verlag.de
Gedruckt in Deutschland
Der SEVERUS Verlag übernimmt keine juristische Verantwortungoder irgendeine Haftung für evtl. fehlerhafte Angaben und deren Folgen.

Jakob Bächtold

Briefwechsel zwischen Theodor Storm und Eduard Mörike
Zeugnisse einer literarischen Freundschaft

MIX
Papier aus verantwortungsvollen Quellen
Paper from responsible sources
FSC® C105338

Inhalt

Vorwort 3

1. Storm an Mörike 6
2. Mörike an Storm 9
3. Storm an Mörike 12
4. Storm an Mörike 18
5. Mörike an Storm 20
6. Storm an Mörike 28
7. Storm an Mörike 39
8. Mörike an Storm 48
9. Storm an Mörike 50
10. Storm an Mörike 51
11. Storm an Mörike 56
12. Storm an Mörike 59
13. Storm an Mörike 62
14. Storm an Mörike 65
15. Storm an Mörike 66
16. Mörike an Storm 69

Vorwort

Zu den Kränzen, mit welchen das deutsche Volk das frische nordische Dichtergrab am grauen Strande schmückt, sei hier ein grünes Blatt „aus sommerlichen Tagen" gelegt, Erinnerungsstunde von zwei teuren Männern, die im Leben und im Schaffen treu und enge miteinander verbunden waren. Dankbar bekennt sich der Jüngere als den Schüler des dreizehn Jahre vor ihm heimgegangenen schwäbischen Meisters.

Die Dichterprofile Mörikes und Storms weisen überraschend ähnliche Züge auf. Die beiden mit der ausgeprägten Stammesart ihrer Heimat begegnen sich als tiefsinnige Lyriker und lyrische Novellisten in ihrer ganzen Gefühls- und Anschauungsweise, in ihrer Neigung zum Stillleben, zum Idyll, zum Märchen, zum Volkslied, im Hinhorchen nach dem Ahnungsreichen und Geheimnisvollen, im Belauschen der verborgensten Quellen der Natur und des Lebens. Mörike und Storm saßen zeitlebens in jenem dämmernden Brunnenstübchen, „wo Kunst und Natur als nachbarliche Quellen rauschen"; dort schöpfte der Eine wie der Andere seine stillen Geschichten. Auch nach der Seite des feinen Humors hat Mörike in Storm einen verwandten Genossen.

In seinen „Erinnerungen an Eduard Mörike" (1876) erzählt Storm, wie er dessen Gedichte während seiner letzten Studienzeit in Kiel (1838) kennen lernte und in dem „Liederbuch dreier Freunde" hat Theodor Mommsen in einem Sonette den Eindruck wiedergegeben, welchen,

„erblühend im geheimsten Tal von Schwaben Des reichen Liedersommers letzte Rose" auf den Kreis ausübte. Nach den Gedichten las man den „Nolten", und zwar, ohne die Mängel der Dichtung zu übersehen, darüber einig, dass in einzelnen Partien vielleicht das Höchste geleistet sei, was überall der Kunst erreichbar ist. „Noch entsinne ich mich" – erzählte Storm – „wie ich eines Tages beim Eintritt in mein Zimmer einen unserer Genossen, einen eifrigen Juristen, mit feuchten Augen vor meinem Klavier auf einem Stuhle hängend fand; in der einen Hand hatte er das Heft der von Mörike selbst geschätzten Kompositionen von Hetsch, welche damals dem Buche beigegeben waren, mit der anderen suchte er unter Heraufbeschwörung seiner vergessenen Notenkenntnis auf den Tasten sich Agnesens Lied (,Rosenzeit') zusammen."

Storm gehörte zu denen, die da glauben, dass die deutsche Dichtung mit Goethe und Schiller sich noch lange nicht erschöpft hat, dass vielmehr gar manche Momente in Leben und Kultur naturgemäß erst n a c h jenen ihren vollendeteren Ausdruck haben finden können. In lyrischen Dingen z.B. hatte sich bei ihm als unverrückbar die Überzeugung festgesetzt, dass hier Goethe die Grenze keineswegs überall erreicht, die so unendlich reiche Menschennatur nicht in all ihren Tiefen erfasst habe, dass aber Mörike, soweit solches einem Einzelnen überhaupt möglich – diesem Ziele nähergekommen sei.

Im November 1850 sandte Storm dem also von ihm verehrten Dichter seine „Sommergeschichten und Lieder", eine Auswahl seiner Gedichte und ersten Erzählungen zu. Jahre vergingen, bis die ersehnte Antwort Stuttgart eintraf. Seitdem blieben sie über ein Jahrzehnt hindurch in brieflichem Verkehre. Wie Storm im Sommer 1855 mit seinen Eltern den Freund im Schwabenland besuchte, ist aus den „Erinnerungen" bekannt. Mit dem für Storm so leidvollen Jahre 1865 bricht die Korrespondenz ab. Treulich hielt er jedoch nach des Freundes Tod (1875) zu der Witwe Mörikes. Der hochverehrten Frau danke ich und mit mir der Leser die folgenden köstlichen Storm'schen Reliquien[1]. Die Briefe von Mörike übergab mir Theodor Storm vor zwei Jahren zur Veröffentlichung. „Säumen Sie nicht mit Ihrem Mörikebuch, ich möcht es auch noch erleben", mahnte er seither. Nun aber ruht auch er „im Bann des ew'gen Schweigens."

Man kennt Mörikes epistolare Art aus dem Briefwechsel mit Hermann Kurz. Er war ein schweigsamer Mann, der sich selten und knapp gibt. Nur ein einziges Mal (5) rückt er etwas gesprächiger heraus. Umso mitteilsamer war Storm. Seine Briefe nehmen – und darum mögen sie heute schon veröffentlicht werden – stellenweise den Charakter einer förmlichen Hauschronik und Autobiografie an. Sie werden in Zukunft den Rang einer wichtigen Quelle behaupten. Es ist uns auch ein Blick in die beiden Dichterwerkstätten gegönnt: liebe- und verständnisvolles Versenken des Einen in die Kunst des Anderen bildet den Hauptgegenstand der Unterhaltung. So mögen denn die Freunde selber reden!

---

1   Brief 12 und 14 befinden sich im Besitze des Herren Dr. Felix Buttersack in Konstanz und Professor W. L. Holland in Tübingen.

1. Storm an Mörike

*Husum, im Herzogtum Schleswig, den
20. November 1850.*

Eine Botschaft alter Liebe soll dies Büchlein an Sie, verehrter Mann, bestellen; verschmähen Sie den Boten nicht, ich bin ein Dilettant und habe keinen besseren. Vor etwa zehn Jahren, während meiner letzten Studentenzeit in Kiel, kamen Ihre Bücher in unsre Hände – Gedichte „Iris", „Maler Nolten" – und erwarben sich rasch eine kleine, aber ausgesuchte Gemeinde, wenn anders das rasche instinktartige Verständnis bei der leisesten Berührung des Dichters eben das ist, was dieser zumeist bei seinen Lesern zu wünschen hat. Wie viel Anregung und Befriedigung und reine Freude wir Ihnen verdanken, wie der „sichere Mann" und die „Sommerweste[2]" sich sprichwörtlich bei uns einbürgerten, wie Larkens uns vor allen anzog, während sein Mädchenherz der Agnes wiedersehen konnte, und wie ich dennoch bei soliden Leuten zu Schaden kam, als ich den „Nolten" ihrem Lesezirkel empfahl – für eine Aufzählung alles dessen, darf ich Ihre Geduld nicht in Anspruch nehmen. Unsre kleine Gemeinde hat sich seitdem zerstreut, aber bei Allen, mit denen ich in einiger Verbindung geblieben bin, hat sich die unveränderte Anhänglichkeit an diese „herbstkräftige" Natur Ihrer Muse bewährt, nur dass Jeder in seinem Kreise ihr neue Freunde geworben hat. Ich kann es mir nicht versagen, das Wort eines unserer heitersten Genossen her zusetzen:

---

2   An meinen Vetter. Mörikes Gedichte (7. Aufl.) S. 294

„Die echten Lieder halten aus in Sommern und in Wintern,

Sie haben aber Kopf und Fuß, dazu auch einen H – –."

Ihre „Idylle vom Bodensee" konnte ich vor drei Jahren meiner jungen Frau auf den Weihnachtstisch legen. Am Abend darauf saßen wir allein beisammen und ich fing an zu lesen:

„Dicht am Gestade des See's, in Kleefeld" – –

und als nun endlich der alte Merten die Klarinette ansetzt, bis ihm das Lachen den Blast abstieß, da kam auch über uns beide das herzerfrischendste Lachen – und ich habe Ihnen nun eben meinen eigenen auch den Dank dieser Frau zu bestellen, die in jeder Beziehung würdig ist, den Trank aus ihren goldenen Schalen zu kosten. Endlich nach vielen vergeblichen Anfragen bei meinem Buchhändler – aber ich wunderte mich eben nicht mehr seit meiner Erfahrung mit dem „Nolten" – endlich kam die neue Auflage der Gedichte, die weißen Blätter, die ich hinter meinem Exemplar hatte einbinden lassen, erhielten nun endlich ihr Recht. Bei der Fülle des Guten und Schönen, die hier hinzugekommen ist, darf ich wohl kaum davon sagen, dass mir hier und da in den alten liebgewonnenen Stücken, namentlich in dem „sichern Mann" und „Peregrina" die Korrektur wehgetan hat.

„Ach, nur einmal noch im Leben" ist mir ganz ans Herz gewachsen, ich kann mich nicht satt daran lesen; und der „Ehrmann!"[3] Ehre sei dem Erfinder für diesen Terminus und dem Dichter für die Auslegung. Wie oft haben auch wir zu unserm eigenen Schaden die goldene Rücksichtslosigkeit gegen dies verruchte Geschlecht in den unnützen

---

3 An Longus. Mörikes Gedichte S. 235

Kampf geführt! – Was dem, der seit Jahren dem Tritt Ihrer Muse mit Liebe nachgegangen ist, bei den neueren Sachen ein besonders Interesse gewähren muss, ist, dass sie ihn hier mehr als in den früheren in der Umgebung und dem Kreise Ihres Lebens heimlich macht.

So mag Ihnen mein Gelüsten nun verzeihlich sein, in den tiefen mir so lieben Kreis auch einmal selbst hineinzutreten. Es ist Winter; vielleicht haben Ihre Frauen eines Abends wieder Mohn auszuklopfen – wir trennen das hier leider nicht – vielleicht ist neben Ihrer Schwester auch die Namensschwester meiner Frau wieder auf Besuch gegenwärtig[4]; Sie nehmen dann statt der Hallischen Jahrbücher[5] die bescheidenen „Sommergeschichten" zur Hand und geben hin und wieder einen Brocken zum Besten. Sollten wir aber, was nicht so gar unmöglich wäre, hie und da eines Rettichs[6] bedürfen, so will ich hoffen, dass auch in Ihrer neuen Heimat dies wackere Geschlecht nicht ausgestorben ist.

Möge grüner sommerlicher F r i e d e Sie lange noch umgeben!

Theodor Storm

---

4   Constanze Hartlaub, dieses Frühjahr gestorben.
5   Ländliche Kurzweil, Vers 26.
6   Restauration. Mörikes Gedichte S. 322

2. Mörike an Storm

Verehrtester Herr! Es ist vor Jahren eine Sendung mit einem Bändchen Dichtungen und einer Zuschrift aus Husum an mich nach Mergentheim gekommen. Muss Ihnen das lange Stillschweigen hierauf nicht doppelt unbegreiflich sein, wenn ich versichere, dass wir, ich und die Meinigen, in Ihrem Büchlein alsbald einen sinn- und seelenverwandten Freund erkannten, ehrten und hegten? Dass ich in Ihrem herzlichen Schreiben noch immer eines der liebsten Zeugnisse zugunsten meines Wenigen dankbar bewahre?

Es fehlte aber meinem Vorsatz nach der ersten Freude wahrlich nichts, als dass er etwas allzu gut gewesen war; ich wollte Ihnen gern recht Viel und Spezielles sagen, besonders auch etwas zur Gegengabe senden; doch allerlei widrige Dinge, zumal Krankheit verhinderten die Ausführung so mancher angelegten kleine Arbeit, verschoben und vereitelten die ganze treue Absicht, indem die übergroß gewordene Schuld den Schreibemut zuletzt gar untergrub. Nun hab ich zwar gegenwärtig durchaus nichts in der Hand, was mir den letzteren sehr stärken könnte, indes ist doch mit dem Erscheinen beifolgenden Schriftchens[7] eine erwünschte äußere Veranlassung gegeben, an Ihrer Türe anzuklopfen. Nehmen Sie diese Kleinigkeit womöglich mit der alten Güte auf!

Das augenblickliche ganz entschiedene Wohlgefallen an den „Sommergeschichten" hat sich bei uns bis auf die

---

7   Das Stuttgarter Hutzelmännlein, auf Weihnachten 1852 erscheinen.

jetzige Stunde erhalten. Ich fühlte eine reine, echt dichterische Luft darin verbreitet. Die Innigkeit und Liebe, womit Sie nicht verschmähen, die einfachsten Verhältnisse und Situationen in feiner edler Zeichnung darzustellen, Ihre Neigung zum Stillleben tut, gegenüber dem verwürzten Wesen der Modeliteratur, außerordentlich wohl. Der alte Garten Saal, der Marthe Stube und so fort sind mir wie alt vertraute Orte, nach denen man sich manche Stunde sehnen kann. Überall ist Charakter und ungeschminkte Schönheit. Nur hie und da – in der Erzählung „Immensee" –mag man vielleicht etwas mehr individuelle Bestimmtheit wünschen. Höchst angenehm frappiert hat mich die große Ähnlichkeit Ihres Nordens mit unserer süddeutschen Gefühls- und Anschauungsweise[8].

Von den Gedichten möchte ich vornehmlich auszeichnen: S. 31, 36, 41, 100, 102, 109, (die vorletzte Zeile will mir etwas zu kostbar lauten) 119, 124, 126. Das von den Katzen[9] wusste ich bald auswendig und habe manchen schon damit ergötzt. „Von wem ist das?", frug ich unlängst einen Freund. Nu, sagte er lächelnd, als wenn es sich von selbst verstünde – von dir!

Die Zuversichtlichkeit des schmeichelhaften Urteils hat mich natürlich nicht wenig gaudiert.

Jetzt, lieber teurer Mann, leben Sie wohl auf eine Weile, – auf eine kürzere, verspreche ich, wenn Sie erlauben. Wir alle, nämlich Gretchen, seit anderthalb Jahren glücklicherweise meine liebe Frau, und Clara, meine Schwester, grüßen herzlich Sie und jene Constanze, von der wir uns ein ungefähres Bild aus allen Lieblichkeiten Ihres Büchleins machten.

---

8   Vergl. Th. Storm: „Meine Erinnerungen an Eduard Mörike." Gesammelte Schriften Bd. XIV S. 153.

9   Storms Gedichte. Gesammelte Schriften Bd. I, S. 69

Unsere Vorstellung von Ihnen würde eine Andeutung Ihrer äußerlichen Existenz sehr angenehm zu Hilfe kommen. Das Eine will Sie zum Arzt, das Andere zum Prediger machen.

Mit inniger Zuneigung

Ihr Dr. Ed. Mörike

Stuttgart 26. Mai 1853.

3. Storm an Mörike

Husum den 12. Juli 1853.

Freilich hat Frau Constanze, bis ihre Antwort eintraf, zu einem ersten Buben noch zwei andre in die Wirtschaft gebracht; wie wenig Ihnen indessen das lange Schweigen angerechnet worden, könnten Sie, wenn Sie zu uns einträten, schon daraus erkennen, dass seit dem 5. Mai 1851 Ihr Steinbruchporträt, von Weiß – Sie sagen uns gelegentlich, ob es ähnlich ist – auf Constanzes Schreibtisch seinen ungestörten Platz behauptet hat.

Nun aber muss ich Sie und die Ihrigen, ehe ich weiter schreibe, über meine eigene Version erst etwas ins Klare setzen; denn Sie gehen leider nach zwei Seiten fehl, wenn Sie mich den friedlichen Beschäftigungen eines Arztes oder Predigers zuteilen. Ich bin, oder war vielmehr bisher Advokat. – Aber was hindert mich Ihnen sofort eine kleine *vita* zu geben, um mich in Ihrem Kreise so heimlich wie möglich zu machen? – Also ab *ovo*!

Am 14. September 1817 bin ich als der älteste mehrerer Geschwister hier in Husum geboren, wo mein Vater als ein besonders geachteter Rechtsanwalt unseres Landes noch gegenwärtig, samt meiner Mutter in voller Tätigkeit lebt. Nachdem ich die hiesige Gelehrtenschule, das Lübecker Gymnasium und als Student die Kieler und Berliner Universität besucht hatte, domizilierte ich mich im Frühjahr 1843 in meiner Vaterstadt als Advokat. Am 15. September 1846 ward ich zur guten Stunde kopuliert mit meiner Mutterschwestertochter Constanze, einer Tochter des

Bürgermeisters Esmarch in Segeberg, Enkelin des verstorbenen Zollverwalters Esmarch in Rendsburg, der in seiner Jugend zu den stummen Personen des Hainbunds gehörte, und in Fr. Voigts Roman „Hölty" zur Ergötzlichkeit seiner Kindeskinder die Rolle des unglücklichen Liebhabers übernehmen muss.

Bei dem Bruche zwischen Dänemark und den Herzogtümern habe ich natürlich zu meiner Heimat gehalten, namentlich aber nach Beendigung des Krieges es für eine besondere Pflicht geachtet, meine Mitbürger, soweit ich dazu Gelegenheit hatte, gegen die Willkür der neu eingesetzten königl. Dän. Behörden mit voller Rücksichtslosigkeit zu vertreten. – So hat es denn kommen müssen, dass mir, trotz meines im Ganzen sehr von allem Öffentlichen zurückgezogenen Lebens, wie fast allen jüngeren und tüchtigeren Kollegen, die Bestallung kassiert worden ist, da es der jetzigen Regierung besonders daran gelegen ist, alle Elemente, namentlich der unabhängigen, deutschen Bildung möglichst zu vernichten. In dieser Veranlassung, und weil ich mich nicht, wie es leider jetzt von Vielen geschieht, zu Schritten herlassen kann, die meiner Überzeugung und den Pflichten gegen meine deutsche Heimat widersprechen, bin ich eben im Begriff nach Preußen überzusiedeln, das mir nach ½ jähriger Probezeit, die indes wohl etwas länger ausfallen wird, eine Anstellung als Justizbeamter und dadurch ein, wenn auch knappes Auskommen in Aussicht gestellt hat. Constanze mit den drei Knaben, deren jüngster erst zu Anfang des vorigen Monats geboren ist, wird vorläufig hier bei meinen, oder in Segeberg bei ihren Eltern zurückbleiben. – Die nächste Zukunft sieht daher etwas grau aus, zumal ich mit dem Gefühl von hier gehe, den Fremden oder Schlechten meinen Platz zu räumen; doch ist, da es nun einmal nicht anders sein kann, die Heiterkeit unseres Hauses bisher noch keinen Tag lang dadurch gestört worden.

Ihr herzliches Schreiben, lieber verehrter Mann, hat uns denn nun noch zusammen angetroffen, und ich möchte wohl, dass Sie es so recht wüssten, welche große Freude Sie uns, und namentlich auch meiner Frau, die eben aus ihren Wochen erstanden war, dadurch bereitet haben. – Ihr „Hutzelmännlein" aber ist einem Nachmittag und einem Abend vor einem kleinen ausgesuchten Kreise verlesen worden; die Liebeserklärung im Rauchfang hat bei mir den Preis gewonnen; der wackere Stiefelknecht, die Szene auf dem Seil, erregten die unverhaltenste Luftigkeit, letztere insbesondere das Entzücken der Frauen; Seite 79 hieß es plötzlich: „Ob M. wohl Schmierstiefel trägt!" – „das wäre schrecklich!" – – Es ist eben auch in diesem Büchlein neben der Tiefe des Gedankens die nur Ihnen solcherweise eigene Tiefe des Ausdruckes wieder da. Was ich aussetzen möchte, ist dies: Es ist doch Ihre Absicht gewesen, das über den Hutzelmann – denn ich nehme an, dass es eine Figur des Volksglaubens ist – in der Überlieferung Vorhandene zu einer Erzählung zu einigen? Nun scheint mir, wie es uns in Arnims Dichtung wohl begegnet durch ad Bestreben, das an Sage und Sitte überlieferte zu konservieren, die Einheit der Fabel und hie und da im Einzelnen z.B S. 90 ff. in der Erzählung Seppes, die freie poetische Darstellung in etwas behemmt zu sein. Übrigens mag immerhin beim Märchen die Freude am Einzelnen, auch will ich nicht vergessen, dass „die Märchen sind halt Nürnberger Waar"[10] die Hauptsache sein, die uns denn auch durch Ihr ganzes Büchlein so begleitet hat, dass wir den „Schatz" sogleich einmal hinterher gelesen haben.

Meine kleinen Situationstücke anlangend, so find sie einmal, ich glaube in Kühnes „Europa" „Aquarelle" genannt, und ich habe diese Bezeichnung, welche Ihre gewiss rich-

---
10 An einen kritischen Freund. Mörikes Gedichte S. 156

tige Bemerkung über „Immensee" ohne Weiteres in sich fasste, als besonders zutreffend empfunden. – Die vorletzte Zeile v. S. 109 mag allerdings etwas zu kostbar lauten. Die beiden Gedichte wurden unmittelbar nach dem Tode meiner ältesten Schwester geschrieben, die nach manchem Kummer ihres Mädchenstandes, im ersten Wochenbette samt ihrem Töchterlein starb. Ich erinnere mich jetzt wohl, dass ich jene Zeile derzeit nur als eine vorläufige hinschrieb; sie ist indessen stehen geblieben. Gelegentlich will ich versuchen sie zu ändern, oder wissen Sie, verehrter Mann, mir einen Rat? Wenn Ihnen „die Katzen" zugeschrieben werden und Sie dies nicht ganz ohne Behagen erfahren, so wollen Sie nicht vergessen, dass Eduard Mörike ganz besonders zu den Dichtern gehört, die auf die Ausbildung meines kleinen Talentes von Einfluss gewesen sind.

Und so, lieber Meister, lege ich denn jetzt die kleine Sammlung meiner Gedichte, die seitdem erschienen ist, vertrauensvoll in Ihre Hände, nicht ganz ohne die Überzeugung, dass unter dem neu Hinzugekommenen Eins oder das Andere sei, was die mir von Ihnen und den Ihrigen gewordene Teilnahme zu befestigen vermöchte. Hätte ich das Ihnen bestimmte Exemplar in der Hand, so würde ich S. 46 bei Nr. 1 den Namen „Homs", bei Nr. „2" den Namen „Ernst" setzen, und überdies das „Lachen" in der letzten Zeile in „wachen" korrigieren. Im Übrigen möchte ich nur noch bemerken, dass ich vielleicht oder vielmehr jedenfalls, bei der Auswahl der älteren Gedichte (2tes Buch) aus Pietät gegen meine eigene Jugend mich zu einer großen Nachsicht haben verleiten lassen; sowie dass im 1. Buch S. 86 vom Verleger gegen meine ausdrückliche Ordre aufgenommen ist. S. 155 wurde zur stillen Abwehr gegen die Brutalität und Gemeinheit, wie sie nach Verhältnissen, welche wir hier gehabt, wohl überall zutage kommen, und aus vollstem Herzen geschrieben; die Überschrift ist wohl verkehrt, weil sie leicht irre leitet; ich habe nur das Zeichen des Todes[11] gemeint, nicht das konstantinische christliche †. An den Umschlagsbildern (v. Bürkner in Dresden) sowie dem Formate, woran ich wahrlich unschuldig bin, wollen Sie seinen Anstoß nehmen. Ich hoffe, wenn es überall vergönnt sein sollte, zum zweiten Male in etwas männlicherer Tracht zu erscheinen.

Diesen gedruckten Sachen kann ich nicht unterlassen, einige ungedruckte Verse beizulegen, die als ein unmittelbarer Ausdruck des verletzten Heimatgefühls im Herbste 1850 entstanden, als hier auf dem Kirchhofe die Kränze und Fahnen von den Gräbern unsrer Schleswig-Holsteiner Soldaten entfernt wurden[12]. Und nun – dürfen auch wir, soweit Sie es uns vergönnen mögen, etwas Näheres von Ihnen erfahren? Wir wissen außer dem, was Ihre Schriften uns erzählen nur, dass sie am 8. September 1804 zu Ludwigsburg geboren und 1834 Pfarrer zu Cleversulzbach geworden sind, dieses Amt aber späterhin niedergelegt haben, was mir, da ich es erfuhr, als etwas erschien, das eben nicht anders hätte sein können. Wollen Sie uns, denen Sie so lange lieb und wert sind, diese kärglichen Nachrichten etwas vervollständigen? Sollten Sie aber für die Erfüllung dieser Bitte keine Muße oder Stimmung, so möge Sie das vom Schreiben – vom baldigen, wie Sie versprochen – nicht abhalten; und sollte eine neue Auflage Ihrer Geschichte nicht in allernächster Zeit bevorstehen, so machen Sie und die Freude einige frische Verse beizulegen! Als Quittung sollen Sie den Aushängebogen einer ganz nagelneuen Sommergeschichte „Ein grünes Blatt" erhalten, die in einem neuen Berliner Jahrbuche („Argo") abgedruckt wird.

---

11 Storms Gedichte S. 108

12 Beigelegt ist Storms „September 1850":Und schauen auch von Turm und Tore" etc. Gedichte S. 99

Leben Sie wohl nun für diesmal! Constanze und ich grüßen Sie herzlich, Sie und Ihre Frau, deren Spur wir noch nicht in Ihren Geschichten haben finden können, das mir besonders liebe Gedicht „Lebe wohl. Du fühlest nicht"[13], möchte denn die erste sein und ihre Schwester Clara, die wir seit lange schon daraus als Ihre treue Begleiterin durch Wald und Wiese kennen!
Wie immer

Theodor Storm

Eben, da ich diesen Brief schließen will, finde ich in einer alten „Urania" v. 1834 eine Skizze von Ihnen „Miss Jenny Harrower"; die ich noch nicht kenne. Da mir alles von Ihnen lieb ist, so bitte ich Sie, mir in Ihrem nächsten mitzuteilen, ob sie außer dieser Skizze, dem „Nolten", der „Iris", „Idylle vom Bodensee" und den Gedichten, früher mal sonst etwas haben drucken lassen? Eine böse Täuschung erfuhr ich neulich, durch das „Vaters Geburtstag" von C. M., den ich mir nach einem Auktionskatalog hatte kommen lassen, worin der Vorname fehlte.

---

13 Mörikes Gedichte S. 52

4. Storm an Mörike

Potsdam, Brandenburgerstraße Nr. 70, den 1. März 1854.

Ich komme diesmal betteln, verehrter Mann. Es gilt mithilfe von Dichtern und Maler für meine Frau, die mit den Kindern bei mir ist, zum Geburtstag d. 5. Mai, ein Album zustande zu bringen. Dürfte ich darauf rechnen, zu diesem Zweck von Ihnen Ihr unergründlich schönes „Früh, wenn die Hähne krähn", von Ihnen geschrieben und unterschrieben zu erhalten?[14]

Mit Ihrem „Hutzelmännlein" hat sich mir eine alte Lebenserfahrung aufs Neue wenigstens teilweise bestätigt, dass nämlich oft das innere Erlebnis viel später eintrifft als das äußere. Erst lange nachdem wir es gelesen und nachdem ich meinen etwas übereereilten Brief an Sie abgesandt, ist mir die Fülle von Unmut so recht lebendig geworden, welche Sie, namentlich auch im ersten Teile, überall in dies Büchlein „hineingeheimnisst" haben. So lese ich es denn jetzt zum zweiten Mal, um mich ganz darin heimisch zu machen.

Bei dieser Gelegenheit möchte ich ein Versäumtes nachholen. Sollten Sie die plattdeutschen Gedichte meines Landsmannes, des Dithmarschers Klaus Groth „Quickborn, Hamburg Perthes" zufällig noch nicht kennen, so bitte ich sie dringend, sich durch den fremden Dialekt, wenn man die niederdeutsche Sprache so nennen darf, nicht davon abhalten zu lassen. Jede Mühe wird gewiss

---

14 Storm, „Meine Erinnerungen". Gesammelte Schriften Bd. XIV, S. 154

belohnt. Wenn die Sachen nicht immer so rund sind, wie die Hebel'schen, mit denen man sie unwillkürlich in Vergleichung bringt, so sind sie dafür desto tiefer und ohne lehrhafte Tendenz. Was gäb ich drum, wäre es mir vergönnt, sie Ihnen vorlesen zu können! Denn wie wenig andres, bedürfen diese Geschichten des lauten Wortes, um zur rechten Geltung zu kommen. Die anliegende „Argo" bitten wir, Constanze und ich, Frau Gretchen wolle ihr freundlich seinen Platz in Ihrer Bibliothek vergönnen. Meine Sachen darin bedürfen freilich sehr der Nachsicht; dagegen werden Sie sich gewiss an Paul Heyses „Rabbiata" und der Fontane'schen Bearbeitung der Perchballaden erfreuen. Von Ersterem, dem Verfasser des Aufsatzes „Ed. Mörike" in Nr. 1 des Literaturblattes des deutschen Kunstblattes, habe ich Ihnen die wärmsten Grüße zu bestellen.

Mit mir persönlich geht es nicht zum Besten. Seit Anfang Dez. v.J. als Assessor beim hiesigen Kreisgericht eingetreten, habe ich schon bald nach Neujahr wegen hartnäckiger Kränklichkeit Urlaub auf unbestimmte Zeit nehmen müssen. So steht denn mein heimatliches Meer und der Sonntagnachmittagssonnenschein meines elterlichen Hauses umso schmerzlicher in meiner Erinnerung.

Und nun darf ich bis zum 5. Mai auf eine Antwort hoffen. Ich bitte Sie herzlich darum; und wollen Sie mir speziell eine Freude machen, so legen Sie außer dem vorhin Erbetenen noch ein oder anderes Ungedruckte bei, da die dritte Auflage noch immer nicht erschienen ist.

In alter Liebe und Verehrung

Ihr Theodor Storm

5. Mörike an Storm

[April 1854]

Verehrter teurer Freund! Ein alter und neuer Dank käme wieder einmal zu meiner Beschämung bei mir zusammen! Es sind wohl acht Monate, seit mich Ihr Büchlein mit der süßen Schläferin auf seinem Deckel[15] so lieblich begrüßte. Ein ausführlicher Brief war beigelegt, der, in Verbindung mit dem Übrigen und längst Bekannten, mir die Person des Dichters auf einen solchen Grad verdeutlichte, dass mir, wenn der vollkommene Besitz von Angesicht zu Angesicht für jetzt einmal ist, nur etwa noch ein Schattenriss seines Profils zu wünschen übrig bleibt. Ich möchte gern, dass Sie wüssten, wie sehr wir Sie mit allen Ihren Angehörigen für alle Zeit kennen und lieben. Als ich in Ihrem jüngsten Schreiben an die Stelle kam, wo Sie von hartnäckiger Kränklichkeit reden, durchzuckte mich ein Schmerz und weinerliches Zorngefühl, wie uns ergreift, wenn wir das Edelste durch eine rohe Hand bedroht oder beschädigt sehen. Dies darf Sie nicht erschrecken, Bester! Ich bin Hypochonder von Hause aus und kann im nächsten Augenblick gleich wieder über meine extremen Sorgen lachen, sie mögen nun mich oder Andere betreffen.

Mit Ihrem Husum aber ist auch uns etwas genommen. Mir insbesondere waren diese Gegenden durch Sie und

---

15 Eine Bürkner'sche Zeichnung zu „In Bulemann's Haus" auf dem Umschlag der ersten Ausgabe meiner Geschichte. Kiel, 1852, die ich M. geschickt hatte. (Anmerkung Storms)

die „Sommergeschichten" zu einer wahrhaften Erfahrung geworden; seitdem Sie weg sind, ist's als wäre die gewohnte Szenerie auch in meinem Gesichtskreis ferner gerückt. Gern denke ich dabei, dass doch die Eltern noch die alte Heimat hüten.

Das „grüne Blatt" fiel mir grad zur rechten Zeit in den Schoß. Es ist nebst Ihren anderen Beiträgen das Einzige, was wir bis jetzt in der „Argo"[16] gelesen. Denn stellen Sie sich vor, nur erst seit gestern haben wir dieselbe in den Händen! – Jener Sommertag, brütend auf der einsamen Heide und über dem Wald, ist bis zur sinnlichen Mitempfindung des Lesers wiedergegeben; das *vis-à-vis* mit der Schlange, der Alte bei den Bienen, seine Stube – unvergleichlich. Dagegen hat die Schilderung des Mädchens, so wie der Schluss des Ganzen, mir einige Zweifel erregt: in der Art aber, dass es sich um ein paar Striche zu viel und Etliches zu wenig handeln würde. Darf ich es in der Kürze sagen, so ist einerseits der Schein des Manierierten nicht völlig vermieden (die Linie ist hier haarscharf allerdings) und andererseits sollte die allzu skizzenhaft behandelte Regine ein größer Stück sprechen, am besten vielleicht, indem sie ein kleines Abenteuer oder Märchen erzählte[17].

Dadurch träte ihr reizendes Bild von selbst mehr heraus und alles bekäme zugleich mehr Fülle. Es könnte hierzu der Moment in der Stube benutzt werden.

Wenn ich nicht anders unrecht habe, so gehen Sie vielleicht nach Jahr und Tag nochmals an dies Gemälde, dem wenig abgeht, um vollkommen zu sein, was es soll.

---

16 Argo. Belletristisches Jahrbuch für 1854. Herausgegeben von Theodor Fontane und Franz Kugler. Dessau, 1854.

17 M.'s Rat ist für die Buchausgabe im Wesentlichen befolgt worden. (Anmerkung Storms.)

(Nach mehrtägiger Unterbrechung fortgefahren.)

Das mir schon früher mitgeteilte Stück vom Herbst 1850 und der „Abschied" hat mich tief bewegt und „Gode Nacht" hört sich im Lesen sogleich wie gesungen. Es ist außerordentlich schön; ich werde es Hetsch (Musikdirektor in Mannheim) und Kauffmann[18] (hier) mitteilen, ob nicht der eine oder andere zur Komposition gedrungen wird. Kein Dritter könnte es besser machen (wie Sie sich überzeugen würden, wenn Sie Gretchens Lied „Meine Ruh ist hin" von Hetsch[19] – es erschien einzeln, ich glaube in Bonn – oder die Lieder schwäbischer Dichter zu hören bekämen, die unter beider Namen in Stuttgart erschienen und Mehreres auch von mir enthalten.

Doch eben fällt mir ein, Sie haben ja beim „Maler Nolten" eine Probe![20])

Auch Ihre vier andern kleinen Stücke in der „Argo" haben sehr unsern Beifall. Zu den grammatischen Anomalien, die man nicht anders wünscht, gehört die Zeile „Mir ist wie Blume" etc.[21] bezeichnend für das Unbestimmte, Fremde des Gefühls. Aus Ihrer Sammlung gab ich hie und da den Leuten etwas zu verkosten und habe unter vielen anderen mit den Strophen, wo die Sonne jenes Tages aufs letzte Kissen der Geliebten fällt[22], das höchste Lob immer von Neuem erworben. Das Büchlein ist mir leider nicht zur Hand, sonst zitiere ich mehr.

Den „Quickborn" wollen wir uns bestens empfohlen sein lassen. Theod. Fontane kenn ich längst aus seinen trefflichen preußischen Liedern; ein hiesiger Freund, Rector

---

18 Friedrich Kauffmann, gest. 1856, Komponist und Mathematiker.
19 Louis Hetsch, gest. 1872.
20 Die Musikbeilage zu, „Nolten", l. Ausg.
21 Storms Gedichte S. 33
22 Storms Gedichte S. 84, „April".

Wolff, den Gust. Schwab damit bekannt gemacht, rezitierte sie mir aus dem Gedächtnis.

Den Verfasser des geistvollen Artikels im Berliner Kunstblatt zu erfahren war mir sehr interessant, und dass Paul Heyse es ist, von dem ein so günstiges Urteil über mich ausgeht, hat mich aufs Angenehmste überrascht. Den feinen Praktiker (in Poesie) verriet die Arbeit freilich auf der Stelle. In Ansehung des „Maler Nolten" hat er mich offenbar geschont. Verschiedene Partien im ersten Teil desselben sind mir selbst widerwärtig und fordern eine Umarbeitung. Was denken Sie deshalb für den Fall einer zweiten Auflage? Ich möchte Sie nicht gern zum zweiten Male als Korrektor unzufrieden machen[23].

Wenn Sie Gelegenheit haben, bezeugen Sie Herrn Heyse doch meinen wärmsten Dank und große Hochachtung auf „L'Arrabiata" freuen wir uns und haben die größte Erwartung davon. Frau Agnes Strauß, geb. Schebest, die Sängerin, getrennte Frau des Theologen, entzückte, hör ich, dieser Tage eine hiesige Gesellschaft durch Vorlesung derselben.

Aufrichtig bin ich Ihnen noch für Ihre in Lob und Tadel gleich getreulichen Bemerkungen über das Märchen verbunden. Wenn wir auf meinem Sofa nur einander gegenüber säßen, so sprächen wir wohl auch darüber *con amore* mehr. Jetzt aber nur so viel: Sie setzen voraus, es habe hier die schwierige Aufgabe gegolten, vorhandene Sagen künstlich zu verweben. Dem ist jedoch nicht so. Mit Ausnahme dessen, was in den Roten ausdrücklich angeführt wird, ist alles frei erfunden, zum wenigsten hielt ichs bis jetzt dafür. Das Volk weiß insbesondere nichts von einer Wasserfrau, denn die in den Teich geworfenen Sühnopfer waren vielmehr ordentlich Gott dargebracht. Das Kinderverschen vom „Klößlein" kursiert ganz für sich, ohne irgendeinen

---

23 Storm, „Meine Erinnerungen", Gesammelte Schriften Bd. XIV, S. 158.

Sinn oder sagenhafte Beziehung, in der Leute Mund. Übrigens hören Sie folgenden närrischen *casum*. Mir sagte Uhland neulich: in einer alten geschriebenen Chronik habe er etwas gefunden, was ihn notwendig auf die Vermutung habe führen müssen, ich hätte in Beziehung auf das unsichtbar machende Mittel eine verschollene blaubeurer Sage gekannt und für meinen Zweck modifiziert. Zwei Grafen von Helfenstein, Brüder, standen einstmals (so sagt der Chronik) am Rande der Quelle; der eine sah einen seltsamen Stein vor sich liegen, hob ihn vom Boden auf und verschwand vor den Augen des anderen urplötzlich. Sie reden aber miteinander und der zweite Bruder nimmt den Stein sofort in die Hand; dieselbe Wirkung, sie kommen beide überein, das Zauberding in den Blautopf zu werfen. –

Ich war nicht wenig über dies Zusammentreffen meines Scherzes mit dieser Erzählung erstaunt, da auch in den hintersten Kammern meines Gehirns nicht die leiseste Spur empfangener Überlieferung zu finden ist. Vernünftigerweise kann ich es nur freilich zuletzt nicht anders als auf solchen Weg erklären, oder wie? Natürlich liegt in Absicht auf einem Produkt dieser Art nichts dran, wie viel oder wenig an dem Stoffe vorlag und ich habe es bis jetzt deshalb auch nicht der Mühe [so!] gehalten, gewisse irrige Annahmen meiner Kritiker bei meinen andern Sachen in dieser Hinsicht zu berichten. So setzen sie alle, auch Heyse, wie es scheint, voraus, die Bodensee Idylle beruhe auf Geschichten, da doch die gedoppelte Fabel, sowohl von der Kapelle und der Glocke, als von Gertrud und ihrer Bestrafung ganz auf meine Rechnung kommt.

Nun aber unsern innigsten Glückwunsch zum 5ten Mai! Meine liebe Frau, durch Ihr Geschenk in mehr als einem Betracht ausnehmend beglückt und geehrt macht sich die Freude einer unscheinbaren Gegengabe mit gesammelten

Schriften meines Freundes Louis Bauer. Sie werden den herrlichen Menschen darin halb erkennen. Was die voran gedruckten Briefe betrifft (an deren Auswahl ich natürlich keinen Anteil habe) – wenn Sie imstande wären alles gehörig abzurechnen, was jugendliche Freundschaft, nach der ihr eigenen Übertreibung, Gutes an ihrem Gegenstande findet, so könnte es mir schon lieb sein, dass Ihnen ein Stück von mir und meinem Kreis damit vorgelegt wird, da ich so schwer dazu komme, Ihren liebreichen Wunsch in dieser Hinsicht selber zu befriedigen. Ich glaube die Versuchung, mehr zu sagen, als wir beide wollen, ist es vornehmlich, was ich dabei fürchte.

Zum Überfluss fügt Gretchen unsere Silhouetten bei, die ihrige und Clärchens ist sehr gut, die meine auch nicht übel. Die Weißische Lithografie wird nicht besonders gelobt, doch ist sie kenntlich.

Carl Mayer, der Dichter war gestern bei mir. „Und schauen auch von Turm und Tore" las ich ihm alsbald vor und teilte ihm auch sonst von Ihnen und Ihren Verhältnissen mit, was ihn erfreute und rührte. Sie waren ihm als Lyriker nicht fremd, er gab mir viele Grüße an Sie und schrieb auf mein Begehren ein Blatt für Frau Constanzens Album. Weil dieses nicht in meinem Beisein geschah und er sich hinterdrein erinnerte, dass ich ihm eines seiner Naturbilder zu diesem Behufe vorschlug, das mir besonders lieb und oft im Munde ist, so fügte er auch letzteres hinzu, damit ich wähle: billig bleibt das nun Ihnen überlassen. Mayer war im Begriff nach Weinsberg zu gehen, dem guten Kerner zum Trost, der eben seine Frau verloren hat. Womöglich bringt er mir von diesem auch ein Erinnerungsblatt für Sie zurück. Vielleicht kommt es noch recht für mein Paket, wo nicht, so könnte es gelegentlich nachfolgen, mit einem weiteren von Uhland, an welchen ich trotz seiner starken Abneigung gegen dergleichen das Ansinnen stellte. Er schlug es nicht ab, war aber im Augenblick nicht in der Lage. Er schickt es hoffentlich mit einer anderen Sendung, die mir im Lauf der nächsten Woche von ihm zukommen wird. Sie haben nun leider vergessen mir das Format Ihrer Geburtstagswidmung zu bestimmen, nun können diese Blätter ganz ungeschickt ausfallen.

Freitag den 21 Apr.

Von meiner Seite gehen noch zwei neuere Gedichte mit, die schwerlich schon den Weg zu Ihnen fanden. Das von Turmhahn hätt ich herzlich gern für Ihre liebe Frau festmäßig abgeschrieben, anstatt es mit so viel unliebsamen Ballast auf einem Zeitungsblatt vom vorigen Jahr zu präsentieren, allein die Zeit erlaubte es nicht mehr; Tatsache ist an dem Spaß, dass ich als damaliger Pfarrer in Cleversulzbach aus Anlass einer Kirchenreparatur dies alte Inventarstück zu mir nahm, auch es jetzt noch besitze. Der Pfarrer wurde aber durch Verlegung in eine frühere Zeit ehrwürdiger gemacht und ihm Weib und Kinder geschenkt. Das Ganze entstand unter Sehnsucht nach dem ländlich pfarrkirchlichen Leben.

Ihre freundlichen Spürluft zu Liebe in meinen Gedichten sollen Sie wissen, dass allerdings einige Stücke darin sich auf Gretchen beziehen, nämlich „Ach muss der Gram", „O Vogel ist es aus mit dir", „An Elise" (pseudonymisch für Clärchen), „Aus der Ferne. Weht, o wehet, liebe Morgenwinde." Sämtlich aus der Zeit unserer ersten Bekanntschaft in Mergentheim, wo wir, ich und meine Schwester, in ihrem elterlichen Hause eingemietet wohnten. Ihr Vater war der Oberstleutnant v. Speth, der unsere Verbindung nicht mehr erlebte. Meine Schwiegermutter ist noch dort.

Jetzt teurer Freund, leben Sie wohl und schreiben Sie bald, dass Sie wirklich wohl leben. Wir alle grüßen und danken tausendmal.

Ihr Mörike

"L'Arrabiata" ist gelesen! In Wahrheit eine ganz einzige Perle! Unsere künftige Wohnung (von Georgii an) ist Alleen-Straße Nr. 9[24].

---

24 Storm fügt bei: "Der Brief ist, wie ich aus einer Zuschrift von Gretchen Mörike in den beigefügten "Ludwig Bauer's Schriften. Stuttgart 1847" sehe, von April 1854, wo ich Assessor am Kreisgericht in Potsdam war. Beigefügt waren außer diesen die drei gen. Silhouetten und die handschriftlichen Gedichte von M., Mayer und auch von Kerner, der das seinige datiert hatte, "Weinsberg, im unglücklichen April 1854", dem Todesmonate seiner Frau. Der Turmhahn war in einer Nummer einer schwäbischen Kirchenzeitung." Vergl. auch Storm, "Meine Erinnerungen" S. 155.

6. Storm an Mörike

Potsdam, Waisenstraße Nr. 68, 1854.

Endlich gelangen denn auch wir zu Ihnen; mögen unsre Gesichter Ihnen nicht allzu fremd erscheinen! – So oft schon bin ich daran gewesen, Ihre reiche liebevolle Sendung zu beantworten; aber immer, wenn ich die notwendige Tagesarbeit hinter mir hatte, war ich so abgenutzt, dass ein Schreiben, wie ich es Ihnen zugedacht, nicht möglich war. So ist es denn auch heute noch; nehmen Sie also fürlieb und lassen Sie Brief und Bilder noch zum 8. September gelten!

Welche Freude Sie und die lieben Ihrigen uns, meiner Frau und mir zum 5, Mai gemacht haben, kann ich nicht genug sagen. Ihren Brief musste ich zwar gleich dem größten Teile nach zum Besten geben; alles Übrige aber wurde bis zum Geburtstag glücklich verborgen gehalten. Ich hatte für das Album einen ziemlichen Stamm von Poeten und Malern zusammengebracht; und ich glaube kaum, dass meine Frau je ein angenehmeres Geburtstagsgeschenk erhalten. Am Abend wurden mithilfe eines befreundeten Malers auch Ihre Schattenrisse auf kleinen gelben Schilderchen hineingeklebt; dann saßen wir davor zu rätseln. Von Ihrer Schwester Clärchen wurde behauptet, sie trage jedenfalls ein Schlüsselbund, und ich wünschte mir lebhaft auf dem Sofa zu sitzen, während sie den Kaffee schenke – könnte es mir doch eines Tags einmal so gut werden! Von dem feinen Gesichtchen Ihrer Frau erfahre ich aus dem Schattenrisse nicht so viel; vielleicht ist es Ihnen gar zu sehr zugekehrt. Der Ihrige scheint mir mit dem Steindrucker wohl zu stimmen. Den Namen auf der Kehrseite hätte es für mich nicht bedurft. Von den Gedichten ist der „Turmhahn" über alle Maßen schön; ich habe es immer aufs Neue vorgelesen und alle Poeten und Juristen –ich empfinde hier den Gegensatz – haben es mit gleicher Teilnahme gehört. Diese warme unmittelbare Leibhaftigkeit ist für mich wenigstens das A und das O der Poesie, so wenig die Führer unsrer Tageskritik ein Bedürfnis danach zu haben scheinen. Was gäbe ich drum, wollte es mir gelingen Erinnerungen an meine verlorene, nie zu verschmerzende Heimat in einen so glücklichen Rahmen zu fassen. Das andre „häusliche Szene"[25] hat mir nicht so zugesagt; vielleicht weil ich einmal geschrieben: „Eduard Mörike hat zuerst die Idylle ins Poetische hinauf gehoben"; vielleicht habe ich die rechte Stimmung noch nicht hinzu gebracht. Aus dem Buche Ihres verstorbenen Freundes Bauer haben wir bis jetzt erst die Briefe und „den heimlichen Maluff" gelesen; bei der Liebe und Hingebung, die wir, wie Sie wissen, für Ihre Sache hegen, und für Sie selber hätte uns nicht leicht eine angenehmere Gabe kommen können, zumal da wir von der Existenz dieses Buches sonst schwerlich etwas würden erfahren haben. Was Ihr Freund in seinen Briefen über den „Nolten" sagt, ist mir aus der Seele geschrieben. Ich habe das Buch diesen Sommer wieder gelesen, aber wenn sie mich fragen, was daran zu ändern sei, so muss ich mich in diesem Fall für gänzlich urteilslos erklären. So wie es da ist, ist es seit Jahren für mich eine liebe Tatsache; nur mein ich auch diesmal allerdings den Eindruck des ersten Lesens bestätigt gefunden zu haben, dass die Partien mit der Constanze, wenigstens teilweise, im Verhältnis zum Übrigen weniger unmittelbar, ich möchte sagen, etwas

---

25 Mörikes Gedichte S. 310

rhetorisch zu sein scheinen. Doch auch das wage ich kaum auszusprechen, denn ich habe, wie gesagt, ein vertrautes Verhältnis zu dem Buche. Ändern aber würde ich als Vf. nichts daran; es gehört, wie es vorliegt, schon unsrer Literaturgeschichte an, und überdies hängen wenigstens die von Heyse besprochenen Schwächen so eng mit der Tiefe und eigentümlichen Schönheit des Werkes zusammen, dass mir in der mitunter ist, als hätten Sie es eben um dieser Willen geschrieben.

Mein „grünes Blatt" beurteilen Sie im Ganzen nachsichtig genug; es ist (vor Weihnachten 1850) mit einem Wort nicht recht aus dem Vollen geschrieben; und dadurch, dass mir die Regine unter der Hand so etwas allegorisch, zu einem Art Genius der Heimat geworden, hat die ganze Konzeption etwas Zwitterhaftes bekommen, dem schwerlich abzuhelfen. Für das Einzelne hoffe ich eines Tages Ihren Rat befolgen zu können; nur was das Ende anbelangt, so ist es gerade der Teil, der mich selbst einzig und völlig zufrieden stellt, und der, wo ich es vorlesen, auch stets die volle Wirkung, die ich damit erzielen wollen, hervorgebracht hat. Und doch haben Fontane und Kugler, die, wie Sie, selbst gelesen, mir denselben Einwand gemacht. – Nun lege ich Ihnen hier wieder so ein kleines Stück bei, „im Sonnenschein", das ich diesen Sommer aller Unbehaglichkeit und Arbeit unerachtet auf meinen Mittagsspaziergängen zusammen gelesen habe und das mit „Marthe u. ihre Uhr" und „im Saal" gegenwärtig für eine kleine Separatausgabe gedruckt wird. Was den zweiten Teil betrifft – – aber, Sie müssen erst lesen, es ihren Frauen an einem stillen, behaglichen Novemberabend vorlesen. (Da fällt mir eben ein, Sie im Süden Deutschlands kennen ja keine Teestunde. Wüssten Sie nur was Sie dadurch entbehren! Der brausende Teekessel mit einer tüchtigen Kohlenglut darunter pflanzt wirklich den „häuslichen Herd" in die Stube, und mit den Seinigen und einem Freunde Abends am Teetisch plaudern oder lesen, ist ein Tagesschluss, den ich unter keiner Bedingung entbehren möchte. Dass der ganze Vorgang seine Bedeutung verliert, wenn man, wie hier, statt der Kohlen eine Spiritusflamme unter dem Kessel anmacht, versteht sich von selbst. Könnten wir Sie und die Ihrigen doch einmal an unserm Teetisch haben!) Könnte ich doch dabei sein! Es ist einer meiner Lebenswünsche, einen Tag, einen Abend wenigstens mit Ihnen zu verleben, und wenn wir beiderseits noch etwas leben, so hoffe ich das zu erreichen. Haben Sie keine Veranlassung auf hier zu kommen? Quartier für einen so verehrten lieben Gast wäre allzeit bereit. Aber freilich von April ab an werden wir wohl nicht mehr hier sein; da ich dann eine Kreisrichterstelle, ich weiß nicht, an welcher entlegenen Grenze des Landes, zu erhalten gedenke. – Welcher Art die Verse sind, die ich unter den gegenwärtigen Verhältnissen noch zu machen imstande bin, wird Ihnen die anliegende Probe zeigen. Vielleicht wenn ich wieder zu einiger Behaglichkeit gelange! Ob ich heimatbedürftiger Mensch das aber je im fremden Lande und unter so mühseligen Amtsverhältnissen, wie mir bevorstehen, erreichen werde, ist wohl mehr als zweifelhaft. Mit meiner Gesundheit geht es ziemlich gut; es sind überhaupt nur die Nerven, an denen ich laboriere, freilich fortwährend und mitunter so, dass ich gänzlich arbeitsunfähig werde; es ist ein Erbteil meiner Mutter, wir sterben aber nicht daran. Das „gode Nacht", was Ihnen so zugesagt, hat auf Geibel, wie er an Kugler geschrieben, dieselbe Wirkung gehabt; gern hätt ich es von Hetsch komponiert, dessen Sachen zum „Nolten", namentlich „Rosenzeit" und das „Elfenlied" ganz vortrefflich sind. Ich bin nämlich ungefähr so viel Tenorsänger, als ich Poet bin – Sie mögen es danach bemessen – und kann im Übrigen meine Stimme wie meine Poesie leider nur zu einzelnen Zeiten ganz kommandieren. Ihr „Früh, wenn die Hähne krähn", das nachgerade ganz in den Mund der jungen Mädchen zu kommen scheint, wohin es gehört, – denn die nichts von Ihnen kennen, kennen doch meistens dies Lied –ist neuerdings gut komponiert von Ehlert. Leider hat der Komponist aber dabei den Text verdorben.

Für die beiden Blätter von C. Mayer, dem ich als einem mir seit längst Bekannten gelegentlich einen Gruß zu bestellen bitte, sollen Sie freundlich bedankt sein. Könnten Sie mir bis zu Weihnachten die qu. Blätter von Uhland und Kerner senden, so wäre das eine große Freude. Ich begreif Uhlands Abneigung gegen dies Damenalbums gewiss, ich teile sie sogar. Könnte er aber nur einen Blick in unser Haus tun, er würde gewiss sogleich die Feder nehmen; und uns eine so natürliche und wohlbegründete Freude nicht entziehen wollen. „Die linden Lüfte sind erwacht" das möchte ich von ihm haben. Eichendorff hat mir sein „Möcht wissen, was sie schlagen" aus den „Glücksrittern", Kugler „An der Saale hellem Strande" eingeschrieben. Das Format dieses Briefbogens wäre das passendste. Vielleicht könnten Sie auch noch ein Blättchen Ihres Freundes Kurz ohne Mühe herbeischaffen, dessen meisterhaften „Blättler"[26] ich oft, und nie ohne lebhaften Beifall vorgelesen. Das ist auch so eine Perle, die fast keiner kennt. – Die „Argo" hat leider einen zweiten Jahrgang nicht erleben sollen; es sind nur etwa 500 Exemplare abgesetzt, was für die bedeutendsten Kosten nicht hat ausreichen wollen; sonst wären wir auch, namentlich um den „Turmhahn", bei Ihnen betteln gekommen. Es war schon wieder ein hübsches Material zusammen; ich hatte das anliegende „Im Sonnenschein" dafür geschrieben. – Sie haben dasselbe ja erfahren mit Ihrem

---

26 Neu abgedruckt in dem von mir herausgegebenen Briefwechsel zwischen Hermann Kurz und Eduard Mörike. Stuttgart, 1885 S. 127 ff.

Jahrbuch schwäbischer Dichter, worin ich außer Ihrem, „Schatze" die zweite Novelle von Treuburg[27] – wo existiert der Verfasser sonst in der Literatur? – mit besonderem Interesse gelesen habe. Neulich ist mir ein Exemplar Ihrer „Iris" zu Gesicht gekommen, worin ein sehr anmutiges Bild, ich denke doch, von Ihnen, scheinbar im 16. oder 17. Lebensjahr und übrigens in mäßigen Steindruck vorne darin war, was in meiner Ausgabe fehlt. Das müsste Cotta in sauberem Stich vor eine hoffentlich bald zu erwartende Auflage Ihrer Gedichte setzen[28]. Geben Sie mir doch eine Aufklärung darüber, und wenn es Ihnen keine Angelegenheit macht, so bitte ich sogar um ein Exemplar, das Sie möglicherweise leichter als ich vom Verleger erlangen können.

Später. Mitte Oktober

Ich war dieser Tage in Berlin, wo ich Paul Heyse mit seiner jungen Frau Besuch bei seinen Schwiegereltern (Kuglers) vorfand. Wir sprachen über eine zweite Auflage des „Nolten", und auch er stimmte mit mir gegen eine Umarbeitung. Sie müssen lieber Neues schaffen! Was seit zwanzig Jahren von Ihnen da ist, ist glücklicherweise Eigentum der Nation geworden. Sie haben, so zu sagen das Dispositionsrecht darüber verloren. – Auch Eggers[29] sprach ich, der mir einen, den ersten, persönlichen Gruß von Ihnen brachte. Er hatte sie nach dem Bilde von Weiß, das er nur einmal

---

27   „Freuden und Leiden des Scribenten Felix Wagner", in Mörike und Zimmermanns Jahrbuch schwäbischer Dichter 1836, S. 56 ff. Hinter dem Pseudonym A. Treuburg steckt kein Geringerer, als Friedrich Theodor Vischer

28   Eine Reproduktion dieses anmutigen Jugendportraits von E. Mörike soll in meinem Mörikebuch erfolgen.

29   Karl Eggers, der Herausgeber des Rundblattes

bei mir gesehen, erkannt. Von Ihrer Frau, da er nur einmal abends im Dunkel neben ihr gegangen, vermochte er mir leider kein Bild zu geben, – Sehr vermisst haben wir beim Lesen Ihres Briefes Ihre Gedichte, die noch mit meiner übrigen Bibliothek in Husum stecken; ein paar der Ihrer Frau gehörigen Lieder wollen mir nämlich durchaus nicht gegenwärtig werden; und in Potsdam hält natürlich keine Buchhandlung Mörikes Gedichte. Nächsten Freitag aber werde ich in der literarischen Gesellschaft den „alten Turmhahn" vorlesen und einige herzhafte Worte vorangehen lasse, die hoffentlich auch die Potsdamer zum Heile verhelfen werden. – Beiläufig gesagt, bekümmert sich das große Publikum auch nicht um meine Gedichte; nur „Immensee" hat in einer Separatausgabe eine zweite Auflage erlebt. – Nun geht der Brief allgemach zu Ende, und noch habe Ich, der ich insbesondere Vater bin, gar nichts von meinen drei Jungens geredet; und doch legen Sie mir schon die tiefsten und nicht zu beantwortende Fragen vor. „Papa,", fragte der Zweite, Ernst, („des Hauses Sonnenschein") neulich zu mir, als ich ihn eben ins Bett gelegt hatte, während er noch seine kleinen Hände fest um meinen Hals hielt und mich mit seinen sehr großen brennend blauen Augen ansah, –„warum leben wir eigentlich und sind wir wieder tot? Gott! Das ist ja doch wunderlich!" Der Junge ist 3 ¾ Jahre und körperlich, obgleich er einen schmächtigen Vater von dem gewöhnlichen Maße hat, ein wahrer Riese. – Fast fürchte ich dem Hans Unrecht zu tun, wenn ich seiner nicht erwähne; er ist eine wahre Sensitive, ein zarter höchst anmutiger Knabe, dessen Gemütsleben ich mit Gewalt zurückhalten muss; er ist noch immer richtig in den Versen „Nun ist auf meinem Schoße still"[30] geschildert. Als neulich in seiner Gegenwart vom Tode die Rede

---

30 Storms Gedichte S. 55.

war, und er gefragt wurde, was er denn machen würde, wenn er nun, heut Nacht schon, sterben müsste, sagte er nach einigem Nachsinnen: „dann würde Ich ganz stille sein und mich ganz still dem lieben Gott überlassen." – Was den kleinsten Burschen anbelangt, so ist er seit acht Wochen lediglich mit dem Zahnen und damit beschäftigt, seiner Mutter die Nächte zu rauben, die daher in dieser Zeit auch recht erschöpft ist. –Das wären die Kinder! Sie müssen sie schon mit in den Kauf nehmen. Sie geben mir dafür wieder etwas aus Ihrem Herzen. Was in Ihre Feder fließt, es findet bei mir einen stillen heimlichen Platz. – Ich lese das Vorstehende wieder durch, und sehe, dass ich leichthin ein sehr schweres Wort geschrieben. Neues schaffen! Ich habe jetzt an meinen Kleinigkeiten selbst empfunden wie sehr das von den äußeren Verhältnissen abhängt; und das „grüne Blatt" und „Im Sonnenschein" tragen die Spuren dieser Abhängigkeit. Wenn man sich nicht auf längere Zeit dem Stoffe mit Behaglichkeit hingeben kann, so wird es eben nur eine Arbeit, und die Gestalten wollen zu rechtem selbstständigem Leben nicht erwachen. Möge Ihnen dergleichen Hindernis nicht im Wege sein, zum Mindesten nicht mehr, als Sie es zwingen können. – – –

Die Lieder von Hetsch und Kaufmann habe ich hier nicht erfragen können. Seit einigen Tagen habe ich uns aber ein Instrument gemietet. (Das eigene steht in Husum im elterlichen Hause) und ich werde jetzt wieder an zu singen fangen; so will ich denn mir auch die qu. Lieder schon erjagen. Gluck, Weber, Schubert, Mendelssohn, das ist, was ich am liebsten singe. Mit Mendelssohn geht es mir wunderlich, d.h. mit den Liedern; bin ich davon, so ist mir immer als sei das rechte Herz doch nicht darin, als seien sie mehr nur fantasievoll und interessant, und schlage ich sie auf, so finde ich doch eine ganze Anzahl, denen ichs nicht abstreiten kann. Augenblicklich bin ich ganz hingenommen von Richard Wagners „O du mein holder Abendstern" aus dem „Tannhäuser". Das ist unsäglich schön.

Was Sie mir in Bezug auf die Erfindung in Ihrem „Hutzelmännlein" mitteilen, habe ich mir zum Teil schon selbst gesagt, nachdem ich Ihnen jene andre Meinung geschrieben; ich habe nämlich späterhin wohl herausgefunden, wie Sie hie und da aus einzelnen Volksreimen und Sprichwörtern, wie aus dem „Klößlein Blei" Ihre Geschichte herausgesponnen haben. Dass übrigens „die schöne Lau" lediglich ihre leibliche Tochter, hat mich allerdings überrascht Die von Uhland mitgeteilte chronikalische Bestätigung Ihrer Dichtung ist allerdings Unerklärlich; denn das Vatertum des Poeten will mir allein dafür nicht ausreichen. Übrigens bin ich völlig Ihrer Ansicht, dass es nicht daran ankommt, wie viel oder wenig bei solchen Sachen im Stoffe erfunden ist, nur dass dem Dichter das als wirklich vorliegende oft mehr hinderlich als behilflich sein mag. - - -

Von Paul Heyse, der mir vor einigen Wochen davon sprach, soll ein über mich demnächst im Literaturblatt zum Deutschen Kunstblatt erscheinen. Haben Sie Gelegenheit es dort zu lesen? Sonst werde ich Veranlassen, dass es Ihnen von hier zugehe. Ihren Turmhahn hab ich neulich abends denn in der *literaria* verlesen; und eine mir fast unerwartete Wirkung damit erreicht. Vielleicht stimmte ein etwas konfuser und gelehrter Vortrag über die unbefleckte Empfängnis Mariä, der voran gegangen, die Gemüter günstig für gesunde poetische Kost! Die Gesellschaft (in der Regel sind 50–60 anwesend) versammelt sich alle 14 Tage abends 7 Uhr. Einer aus der Gesellschaft hält über irgendwas einen Vortrag, dann bleibt man zum Abendessen zusammen. Als nun noch Alle, obwohl völlig gesättigt und mit Zigarren versehen, bei Tische saßen, las ich den „Turmhahn", nach einer kurzen Einleitung über den Dichter. Es war in dem großen Saal, selbst bei den piano-pianissimo-Stellen lautlos, und später drängte man sich an mich, um Interesse und Befriedigung auszudrücken, und von dem Poeten zu erfahren, den nur Einzelne aus Blumenlesen kannten. Ich habe nun einige Buchhändler veranlasst, Ihre Gedichte und die „Idylle v. Bodensee" sich kommen zu lassen.

Unsre Bilder anlangend, so wird das meiner Frau am ähnlichsten erscheinen, wenn Sie recht viel Licht darauf fallen lassen; nur in Mund und Augen ist durch das ihr ungewohnte Sitzen etwas Totes, Schlaffes hineingekommen, daher man das Bild am liebsten nicht zu genau besieht. Sonst ist es sehr ähnlich, nur etwas jünger soll sie zurzeit noch aussehen, doch das gleicht sich von selber aus. Mein Bild dagegen schicke ich Ihnen nur mit Widerstreben; es drückt die Erschlaffung und Magerheit meiner Gesichtszüge, die in Folge der gegenwärtigen Überanstrengung wohl da ist, aber in *natura* gar nicht so hervortritt, auf eine wirklich erbarmungswürdige Weise aus: daneben hat es etwas Offiziermäßiges, das mir glücklicherweise gänzlich abgeht. Ich habe dreimal gesessen, aber es ging nicht; ich behalte mir vor es in besserer Stunde gegen ein anderes zurückzutauschen. Das Buch in meiner Hand ist mein langbewährtes Exemplar Ihres „Nolten". Durch ein Vergrößerungsglas gesehen, gewinnen beide Bilder an Ähnlichkeit.

Und jetzt leben Sie wohl, herzlich wohl, wie mein kleiner Hans sagt, Sie und Frau Gretchen und Fräulein Clärchen! Und wollen Sie uns eine, freilich unverdiente, Freude machen, so schreiben Sie einmal vor Weihnachten, wenn auch noch so kurz. Ich werde zu Neujahr antworten.

Es ist jetzt alles leidlich wohl bei uns.

Ihr Theodor Storm

15. Nov.

Den Vischerschen Artikel über „Nolten" hab ich gestern Abend meiner Frau vorgelegt[31]; er ist vortrefflich, aber der Heysesche, der vielleicht den Dichter noch mehr reproduziert, tritt ihm würdig zur Seite. – Dass ein Jean Paulsche Figur Ihres Larkens an Tiefe übertreffen soll, kann ich Vischer indes nicht verzeihen.

---

31 Kritische Gänge, BD. II S. 216 ff.

7. Storm an Mörike

Potsdam, Waisenstraße Nr. 68. November 1854

Sie haben in dem ersten Briefe, womit Sie mich erfreut, unter den Gedichten aus den "Sommergeschichten", welche Ihnen besonders zugesagt, den "Waldweg" [32]angestrichen. Diese Verse haben für mich den Wert einer Erinnerung; ich habe versucht, in ihnen ein Stück meines wärmsten Jugendsonnenscheins einzufangen. – Mein Vater ist der Sohn eines Müllers, was einigermaßen mit unserm Namen stimmt. Die (Wasser- und Wind-) Mühle liegt etwa 5 Meilen südlicher als Husum in dem kleinen, heimlich und seitab unter Bäumen gelegen Dörfchen Westermühlen, wo mein guter Vater bis zur Zeit, da er auf die Gelehrtenschule nach Rendsburg kam, in Wald und Feld, namentlich Vogelsteller, eine so anmutige Jugend verlebt hat, dass er, der vielgesuchte und im ganzen Lande bekannte Jurist und Geschäftsmann, des Nachts und fortwährend von dieser, von Fisch- und Vogelfang träumt, dass er, wenn ihm Abends nach dem sauren Tage unter seiner Familie das Herz aufgeht, unfehlbar von dieser Vergangenheit zu erzählen beginnt, zu deren Andenken er sich schon seit Jahren im Garten hinterm Hause Brutkasten für die Stare –Spreen sagen wir – an den Mauern der Stallgebäude hat anbringen lassen. Von Stunde zu Stunde tritt er dann aus seiner Arbeitsstube und beobachtet im Frühling ihre Ankunft, im Sommer ihr Geschwätze, ihr Aus- und Einflie-

---
32 Storms Gedichte, S. 78

gen, ihre ganze Wirtschaft mit dem kindlichsten Vergnügen. Während meiner Knabenzeit hatte der älteste Bruder meines Vaters, ein kluger und gemütlicher Mann, die Mühle. Die großen Bauern in den umliegenden Dörfern waren fast alle meines Ohme oder Vettern, die dort noch mit wenigen Ausnahmen in den behaglichen, meine Fantasie jetzt noch aufs Angenehmste anregend, geräumigen altsächsischen Bauernhäusern wohnten. (In Westfalen müssen sie nach Immermanns „Münchhausen" fast ebenso sein.) Wie manche Herbstferien habe Ich dort verlebt! Mein Hauptquartier aber hielt ich immer auf der Mühle. Von dort aus wurde die Hauptfreude und -beschäftigung, der Drosselfang, in den etwa eine Viertelstunde vom Dorfe gelegenen Wäldern betrieben. Des Abends saß ich dann mit meinem Oheim unter den Lindenbäumen vor der Tür des Wohnhauses; und wir flochten Dohnen aus Weidenzweigen und drehten Schlingen aus Pferdehaaren. Den Weg zum Walde, den ich, meinen Korb mit Vogelbeeren und sonstigen Utensilien unterm Arm, entweder in Begleitung meines Oheims, oder, wenn er keine Zeit hatte, in der seines Jagdhundes, mehrere Mal am Tage machte, beschreibt das Gedicht, wie er viele Jahre später noch vor meiner Fantasy stand. – Im Herbste 1849 war ich das letzte Mal mit meiner jungen Frau und unserm damals noch einzigen Jungen Hans zum Vogelfang auf der Mühle. Statt des in mittelst verstorbenen Oheim war dessen Sohn jetzt Müller; auch die Linden von dem Hause waren umgehauen und statt des alten großelterlichen Wohnhauses selbst war ein neues aufgesetzt. Das alles störte mich anfangs; aber die herzliche Anhänglichkeit, die unser in die städtische Verhältnisse übersiedelter Familienzweig fortwährend mit den ländlichen Verwandten unterhalten, glich halb alles aus. Es sind aber auch prächtige Menschen von allerfeinsten Herzen darunter, namentlich drei

Schwestern meines Vaters deren älteste, Tante Gude, ein gebücktes kleines Mütterchen mit den kräftigen grauen Augen, die ich vor allen liebe, ich dieses Frühjahr als Tote habe betrauern müssen. Und wie meine Frau sich mit ihnen allen verstand, und wie alle sie hegten und liebten! Ich kann den Mann der jüngsten Vaterschwester nicht unerwähnt lassen, den Onkel Ohm (einer seiner Vorfahren hat einen Holsteinschen Herzog in irgendeiner Schlacht herausgehauen, und letzterer ihm, weil er wie in Freund und Blutsverwandter an ihm gehandelt, diesen Namen und Äcker, Wald und Wiesen geschenkt). Dieser behagliche und wohlgenährte Mann (er pflegt zu sagen: „Ick mag geern dick Botter mit 'n bät (bisschen) Brot op"), der für alles Ohr und Interesse hat, war, wenn wir in späteren Zeiten dort waren, der eigentliche Mittelpunkt unserer geselligen Freuden. Oft – z.B. in den Pfingsttagen 1847, wo wir mit mehreren Wagen angelangt waren – hatte er drei und vier unserer jungen Mädchen zu beiden Seiten am Arm, wenn er seinen grasreichen Hof hinunter schritt übern Fahrweg zum Kirchspielskrug, der natürlich auch von einem Vetter bewirtschaftet wird. Sein Gehöft liegt im Kirchdorfe Hohn (Amts Rendsburg). Ich hatte damals eben meine junge Frau geheiratet, meine Brüder waren mit, der eine mit seiner Braut, einer Schwester meiner Frau und einige andere Freunde. Wir hatten mehrere Häuser mit Einquartierung belegt. Wir gingen von einem Hause zum andern, fuhren von einem Dorf zum andern, frühstückten hier, aßen dort zu Mittag immer bei Verwandten, und nach dem Kaffee, den wir wieder in einem andern Hause einnahmen, ließen wir die Dorfmusikanten kommen und tanzten bis Dunkelwerden und einer meiner Vettern machte meiner jungen Frau förmlich den Hof, während seine Mutter, meine liebe Tante Lehne (die Frau des Onkel Ohms, die jüngste Vaterschwester), sie zärtlich mit ihren sanften schönen Augen verfolgte. Dann abends bis tief in die Nacht saßen wir in dem weitläufigen wüsten Garten unter den dunkeln Taxusbäumen und hörten am Teiche und aus der Ferne von unten aus dem Dorf die Nachtigall schlagen, wie ich sie niemals weder zuvor noch später gehört habe. – Sie müssen noch einmal nach dem eine halbe Stunde vom Kirchdorfe entfernten Westermühlen mit mir zurückkehren. Wir bleiben aber nicht aus der Mühle; wir gehen hinten aus am Garten entlang und pflücken aus dem Rankengewirr, das sich an dem Zaune hinzieht, bei der Hitze des Herbstnachmittags etwa eine süße glänzend schwarze Brombeere; dann über ein paar höher gelegene Ackerstrecken, bis wir links um ein Stückchen längs um einen Arm des Mühlenbaches hingehen. Bald sind wir, wo wir wollen auf dem sogenannten „Vordamm"; vor uns in grüner Busch- und Wieseneinsamkeit neben uralten Eichen liegt ein anmutiges sauberes Gehöft mit rotem Mauerwerk, weißen Läden und ungeheurem fast zur Erde reichenden Strohdach. Hier wohnte im Jahr 1849 mein Vetter „Hans auf dem Vordamm", der vorig Jahr mit Hinterlassung eines Sohnes gleichen Namens gestorben, nachdem vor ihm sein Vater gleichem Namens dort gehaust hatte. Auf einer Wiese neben dem Hause stehen noch jetzt die Reste der Umzäunung eines „Bienen- oder Immenhofes", wie ich einen solchen in meinem „grünen Blatt" beschrieben, und zwar hatte der Besitzer sie aus Pietät gegen die Jugend seines jüngeren Bruders, eines sinnigen liebenswürdigen Menschen, so ungerührt stehen lassen, der als Knabe und auch noch späterhin, so lang er zu Haus gewesen, hier die Bienenzucht getrieben und dann durch die Familie an eine reiche Bauerntochter im Dorfe Hohn verheiratet worden ist, wo er jetzt als begüterter Bauer, aber mit dem alten kindlichen Herzen, unter vielen Kindern lebt. Mit diesem meinem, einige Jahre älteren Vetter Jürgen Storm, stand ich vor einigen Jahren, über Knabenerinnerungen und über meine Besuche in früheren Zeiten plaudernd, zwischen den wild hinauswachsenden Büschen des alten Immenhofes. Wir entsannen uns zusammen aller möglichen kleinen Geschichten, des Storchs, den ich, von ihm verleitet, ruchloser Weise vom Baum geschossen, worüber mein Knabenherz mir noch lange die bittersten Vorwürfe gemacht, der Dohnen in seinem Garten, in die er mir alle Viertelstunde dieselben Krametsvögel hing, bis ich am Ende den gefangenen Vorrat inspizieren wollte – – nur in einem blieb ich allein, und es ist mir bis auf den heutigen Tag ein Rätsel geblieben. Ich entsinne mich nämlich –die Zeit und Gelegenheit weiß ich auch nicht einmal annähernd anzugeben – mit den Vetter Jürgen aus der kleinen Seitentür des Hauses grade in die Wiesen über kleine Gräben und durch Bruchland und Buschwerk in einen Wald hinabgegangen zu sein; auf dem Weg schnitt er mir Pfeifen aus Erlenholz; was mich aber damals wie ein Märchen anheimelte, in einer sonnigen Waldlichtung sah ich zum ersten und letzten Mal in meinem Leben eine von den großen smaragdgrünen Eidechsen. Sie saß auf einem Baumstumpf und sah mich wie verzaubert mit ihren goldenen Augen an. Als ich das meinem Vetter erzählte, lachte er mich aus, und wollte nichts davon wissen. Nach jener Seite hin, so wie überhaupt in der Nähe, sei gar kein Wald, und so lange er denken könne, auch keiner gewesen. Ich überzeugte mich selbst, er hatte Recht; überall nur Busch und Wiesen und Äcker und einzelne alte Bäume. –Wo aber bin ich damals gewesen?

S p ä t e r. Ich habe Ihnen da zu wenig Versen einen langen Kommentar geschrieben; aber Sie erhalten dadurch zugleich einigermaßen einen Begriff von dem Boden auf dem ich gewachsen. Das starke Heimatsgefühl in mir, die jeden Tag mehr empfundene Unmöglichkeit, mich anderswo (namentlich hier) zu akklimatisieren, mag wohl damit zusammenhängen, dass meine Vorfahren sowohl von Mutter, als Vaters Seite Jahrhunderte lang respektiv in ihrer Vaterstadt oder auf ihren ländlichen Erbstücken gehaust haben, und dass ich mit diesem Bewusstsein, und als könne das nicht anders sein, ausgewachsen bin. In Husum lebte ich gleichsam in einer Atmosphäre ehrenhafter Familientraditionen, fast alle Handwerkerfamilien hatten in irgendeiner Generation einen Diener oder eine Dienerin unsrer Familie aufzuweisen, die Urgroßvater, der alte Kaufherr Friedrich Woldsen, jährlich einen für die Armen schlachten ließ. Meine Mutter gehört durch ihre beiden Eltern den jetzt ausgestorbenen althusumschen Patriziate an, woraus Jahrhunderte hindurch die bedeutenden Kaufherrn die Sindici und Bürgermeister der guten Stadt hervorgingen. Da der männliche Familienzweig der W o l d s e n in der Hauptlinie ausgestorben, so bin ich wie meine Jungens „Woldsen Storm" getauft, um den Namen zu erhalten. Daneben habe ich, wie alle Erstgeborenen in der väterlichen Familie, noch den „Hans" vor dem „Theodor", welcher letztere, bei dem ich genannt werde, lediglich seiner Zierlichkeit wegen aus dem Kalender herausgesucht sein soll. In Westermühlen waren wir beiläufig mitunter sechs und sieben Hänse (Storm) beisammen und es gehörte Übung dazu, um nicht in die Konfusion zu geraten.

3. Dezember

Endlich habe ich auch mal wieder ein Exemplar Ihrer Gedichte in Händen die jetzt glücklich in den hiesigen Buchhandlungen angelangt sind. Ich habe verschiedentlich daraus vorgelesen: vor einem kleinen auserlesenen Kreise glückte es mir neulich außerordentlich; und als die

Empfänglichkeit der Hörer mit jedem Stück stieg, schien ich mir zuletzt selber derart zu lesen, dass ich mir lebhaft den Dichter selber unter meinem Publikum wünschte. Ich las 2. Aufl. S. 73, 74, 186, 30, 61, (ich glaube mich zu erinnern, dass in der ersten Auflage das Gedicht nur aus den beiden Absätzen „wie süß der Nachtwind etc." und „Wie ein Gewebe zuckte" besteht. Ich würde dies vorziehen, denn diesen wunderbaren Versen, worin der Dichter uns die Urform der Dinge zu offenbaren scheint, sind die andern Teile des Gedichts nicht ebenbürtig und – – die ersteren bilden ohnehin ein geschlossenes Ganze für sich) 60, 138, 240, 69, 53, 169, 266, 247. Das „Schweinssüß", den „Rettich", – und mein Publikum blieb immer voll frischen Interesses; „An einen Klavierspieler", das sich besonderen Beifall gewann, wurde von einem gegenwärtigen desgleichen, und zwar selten vortrefflich Künstler durch die Vogel-Etüde von Henselt belohnt, auf die mir ganz besonders der letzte Vers zu passen schien. Kennen Sie nicht, so lassen Sie sich sie womöglich einmal spielen, ich habe in dem Genre fast nichts Reizenderes gehört; es klingt wirklich, als ginge es auf goldenen Saiten. In der *literaria* las ich neulich auch eine *series* Ihrer Gedichte und vor Allem schien „Der Ehrenmann" und „O Fluss mein Fluss" anzusprechen; aber ich las nicht so gut; ich war meines Publikums von vornherein nicht so gewiss; es fehlten die Frauen und die Jungen. Von auf Frau Gretchen bezüglichen Sachen hat mir und Constanze am besten „An Elise" gefallen; die „schwarzen Augen" S. 232 haben wir uns wohl gemerkt.

Der Schluss meines „grünen Blattes", um noch einmal darauf zurückzukommen ist mir neulich beim Widerdurchlesen allerdings selbst bedenklich vorgekommen, d.h. nicht der allerletzte Schluss, der eigentlich nur den Rahmen des kleinen Bildes angehört, sondern der, welcher den Abschied im Walde schildert. – Mir ist aber, seit ich in der Fremde bin, als sei das rechte warme Produktionsvermögen in mir zerstört. Vielleicht, wenn ich erst wieder festen Boden schaffe.

Potsdam, den 5. August 1855

Auf diesen alten und, wie ich jetzt sehe, sehr kindlich geschriebenen Fragment fahre ich fort.

Verehrter Freund! Wenn ich an meinen letzten Brief denke, der unsern Typbildern hoffentlich in Ihren Händen ist, so fallen mir allerlei Dummheiten ein, die darin stehen, und deren Jede für sich schon Ihre Antwort zurückgehalten haben kann. Nun aber liegt folgender *casus* vor! Meine Eltern, die eine Zeitlang bei mir zum Besuch gewesen, reisen von hier nach Heidelberg, und ich reise mit ihnen. Hätten Sie etwa, Sie und die Ihrigen einen halben Tag für mich übrig, wenn ich von dort einen Abstecher nach Stuttgart machte?

Ich schreibe dies nicht ohne einiges Zagen, und fürchte schon, Sie werden auf einer Ferienreise oder es werde sonst ein Hindernis sein, das mir diese große Freude vereitle. Bin ich doch während des 14tägigen Besuchs meiner Eltern hier bis auf die ersten Tage beständig bettlägerig gewesen, und stehe jetzt erst auf, da sie weiterziehen. Ich werde mich noch einige Tage erholen und dann Mittwoch ihnen nachreisen. Fürchten Sie des ungeachtet nicht, einen kränklichen Mann zu begrüßen. Ich bin nur dies eingesperrte Leben in wenig heißen Zimmern nicht gewohnt, da kommt denn Rheuma und Nervenabspannung mitunter zum Äußersten. Hoffentlich werde ich noch diesen Herbst (vielleicht in Prenzlau) als Kreisrichter eine feste Stellung bekommen, dann werde ich auch in dieser Beziehung mich besser vorsehen.

In Heidelberg denke ich Freitag, 10. August, vielleicht schon Donnerstag einzutreffen, Sonnabend, Sonntag oder Montag, spätestens Dienstag würden dann die Tage sein, aus denen einer für die Stuttgarter Tour zu wählen wäre. Dürfte ich Sie nun bitten, mir („Assessor Th. Storm aus Potsdam") *poste restante* nach Heidelberg eine kurze Nachricht zu schreiben, ob ich Sie, verehrtester lieber Mann, diese Frage daheim treffen werde, und etwa an welchem Tage am liebsten? Und zwar so, dass ich den Brief sogleich bei meiner Ankunft in H. schon vorfände, wo ich Ihnen dann umgehend ein Bestimmtes melden würde. Meine Frau leider „muss ferne sein, muss ferne sein!" Vor etwa acht Wochen hat der Storch uns wieder einbeschert, und zwar endlich eine Lisbeth. Mutter und Kind sind wohl; die erstere grüßt herzlich und wird mich mit sehnsüchtigen Augen begleiten.

Und jetzt – möge mein Brief Sie alle wohl antreffen und möge er nicht unwillkommen sein.

Herzlich

Ihr Th. Storm

NB. Wenn Sie einen „Groth Quickborn" zur Stelle hätten, so läse ich Ihnen gern ein oder andres Stück.

8. Mörike an Storm

[Stuttgart, August 1855]

Welche liebliche Aussicht, mein teurer Freund, Sie in Person hier bei uns zu haben! Meine Freude darüber war so groß, dass das böse Gewissen, das Fünkchen von Schrecken (der entsetzlichen Briefschuld wegen) augenblicklich darin erlosch und unterging. Sonnabend, Sonntag, Montag, Dienstag, ein jeglicher Tag, wo es taget und nachtet, ist gut, wenn er Sie herbringt. Eine kurze Anzeige desselben wäre wohl recht, damit wir jeder möglichen Störung und bösen Zufällen vorbeugen. Ich werde zur gesetzten Viertelstunde (wenn Sie mir diese auch vielleicht bemerken könnten) im Wartesaal des hiesigen Bahnhofes sein[33] und meinen Mann aus den tausend Gesichtern, nach dem über meinem Sofa hängenden Signalelement, auf den ersten Blick erkennen. Jenes Profil aber finde ich nicht – das ist leidig! Wir wollen es zusammen recht lebendig unter seinem Glase werden lassen. Ich kenne Sie nun beinahe allesamt von den Enkeln hinauf bis zu den Großeltern. Es ist herrlich, was Sie uns da neustens wieder erzählen! – Von den Gründen meines *non scripsisse*, die eigentlich ganz unergründlich sind, hier weiter nichts, als das mir wohl die Fülle an Güte Ihrer Gaben selbst das erste Hindernis gewesen. Ich habe außer mir und den Meinen noch ein paar gute Seelen damit erquickt, ja recht damit geprangt – und dennoch blieb Dank und Erwiderung – in Hoffnung auf,

---

33 Storm, Meine Erinnerungen S. 159

ich weiß nicht was immer verschoben. Jetzt wissen wirs zwar. Also: tausend Willkommen! Auch von Gretchen und Clara.

Empfehlen Sie mich Ihren Eltern innig und ehrerbietig.

Mittwoch.

Ihr treuer Mörike.

9. Storm an Mörike

*Heidelberg, Gasthof zum Ritter. August 1855,
Sonntagabend*

Erst heute Mittag sind wir hier angekommen, und der schriftliche Empfang, den ich von Ihnen vorfand, hat mir Heidelberg so schön wie möglich gemacht. Ich denke nun – und hoffentlich ist auch Ihrerseits dabei nichts im Wege – am Mittwochmorgen 7 Uhr 20 Min. von hier zu fahren, und dann 11 U. 5 M. in Stuttgart einzutreffen; meine Eltern werden dann Donnerstag nachkommen, sodass wir denn mindestens für einen ganzen Mittwoch von 11 U. ein ungestörtes Beisammensein mit Ihnen und den Ihrigen vergönnt ist. – Mein süßes geliebtes Profil ist in dieser Zeit ein wenig bleich und schmal geworden; sie hat ihr kleines Mädchen nicht umsonst. Wie gern brächte ich sie Ihnen einmal und wie gern ließe ich sie bringen! Ihr Briefschweigen bei Ihnen ganz verziehen; ich werde mich aber künftig nicht wieder dadurch bange machen lassen. Und jetzt leben Sie wohl für heute, grüßen Sie Ihre Frauen und gehen Sie gut mit mir und meiner Dummheit um, wenn ich mich am Mittwoch wirklich in Ihre Hände liefere. Ob Sie mich wohl finden werden? Die Sonne hat mir gestern eine rote Nase gemacht, die mir übel zu Gesichte steht; nötigenfalls möge dies „besondere Kennzeichen" Ihnen zu Hilfe kommen.

Meine Eltern erwidern Ihren freundlichen Gruß.
Wie immer

Ihr Th. Storm

10. Storm an Mörike

Potsdam, Waisenstr. 68 27. August 1855

Seit dem 22. d.M.: bin ich denn wieder bei den Meinigen, und habe mich schon fast gänzlich arm erzählt. Constanze hat mir Dank und Demut ihr Diplom empfangen, der kleinen Lisbeth sind die Schühlein mit dem Gruß von Fanny[34] auf die Wiege gelegt; – mögen die jungen Damen sich einmal freundlich im Leben begegnen!

Die letzten Reisetage ließen mir Muße in den Gedanken noch recht bei Ihnen und Ihrem Kreise zu sein; es war alles, wie ich es mir gedacht nur in kleinen Zügen hie und da ein andres. Ihre Schriften erscheinen mir nun als ein ganz natürlicher und notwendiger Ausfluss Ihres Wesens; die sanft austretende Freundlichkeit Ihrer Frau, die doch nicht ohne Schelmerei scheint, das ruhige, in sich geschlossene Wesen Ihrer Schwester Clara , dass ich mir nur äußerlich ein wenig mehr hervortretend gedacht hatte – mir ist, als hätte ich alles, selbst die kleine Fanny, schon vorher aus Ihren Schriften gekannt. Der kurze Tag wird, so lange ich lebe, zu meinen teuersten Erinnerungen gehören; nur wünschte ich dennoch, wir hätten einmal so recht selbander beim Mergentheimer, der mir übrigens – *sub rosa!* – eine leichte körperliche Buße auferlegt hat, gesessen; doch –Sie, lieber verehrter Mann, Sie kommen noch zu mir und sitzen auch einem in meiner Familie, Sie haben ja über Ihre Zeit so ziemlich zu disponieren. Auf Ihrer großen

---

34 Mörikes älteste Tochter; vergl. Storm, Meine Erinnerungen S. 172

Reise nach dem Norden machen Sie halt bei uns, wir richten Ihnen ein Zimmerchen ein; sie arbeiten sogar *poetice*, abends am Teetisch; Sie glauben nicht, wie lieb Constanze ist. So eine Veränderung würde Ihnen körperlich wohl tun und unter diesem Titel auch Frau Gretchen nichts dawider haben, Sie eine Zeit zu missen. Glaubt mein alter törichter Vater doch sogar, Sie könnten ihn in Husum besuchen. So übel wärs beiläufig nicht; da könnten Sie Land und Leute kennenlernen, und im Übrigen ist gut Quartier in meiner Eltern Hause. Überlegen Sie's einmal auf nächsten Sommer! Es ließe sich trefflich verbinden; von meinem Wohnort – annoch X – reisten wir beide dann zusammen an die Nordsee. Ich werde – wenn wir allerseits leben – rechtzeitig wieder anfragen.

Kerner hab ich leider nicht gesehen; wir kamen erst ½ 9 im Dunkeln nach Heilbronn, so spät konnte ich doch den alten Herrn nicht überfallen. Die Neckarfahrt wurde etwas durch den alten Wind beeinträchtigt, besser gelang die Rheinfahrt von Mainz nach Köln. In Bingen waren wir Nacht; es war gerade das vom „Seligen" beschriebene Rochusfest; doch hab ich nichts davon gesehen als einige Bettelmönche auf dem Dampfschiff und einige bezopfte Kellner im Hotel. Aber am andern Morgen sah ich den alten Strom in solchem grünen Dufte, dass mir mit einem Mal seine ganze Poesie lebendig wurde, – ich hörte die Lurleilieder; Brentanos Märchen fuhren singend den Strom hernieder. Leider war unser Reisen nur zu sehr ein bloßes Besehen. Diese Eile saß mir auch bei Ihnen wie eine heimliche Unruhe im Herzen. – –

Das beifolgende Exemplar der Gedichte bitte ich in Hartlaubs[35] Hände gelangen zu lassen mit der Bitte um

---

35 Pfarrer Wilhelm Hartlaub, gest. 1885. Vergl. Deutsche Rundschau, 1884 Bd. XLI, S. 275 ff.: „Von Eduard Mörike"

freundliche Annahme. Zugleich bitte ich, ihm als Beitrag zu unserm Gespräche über vaterländische Poesie mitzuteilen, das mir gestern von einem Herrn von –, gewaltigem Anti = 48er, die Erklärung wurde, vaterländische Poesie sei, wenn z.B. ein Preuße Kriegslieder für die Preußische Armee schreibe. Kann man nun so etwas schön Dummes passieren lassen, ohne es zu „spießen"? Man braucht selber gar nichts hinzu zutun.

„Ich meine in dieser Weise:

Wenn einer z.B. ein Preuße

Kriegslieder schrieb' für die Preußische Armee"

Mit meinem befolgenden Büchlein hab ich mich nicht ohne Grund an die frauliche Wilde gewandt. Mir ist, als hätte ich die „Angelica" nicht sollen drucken, sondern als Studie ruhig im Pult liegen lassen. Mir ist nicht ganz wohl, nun sie draußen in der Welt ist. Ich werde mir aber für ein etwaig anderes Mal dies Gefühl der Unbehaglichkeit zu ersparen wissen. Das „grüne Blatt" ist wesentlich ach Ihrem Rate, doch leider etwas *invita Minerva* überarbeitet; an Fülle hat es jedenfalls etwas zugenommen.

So eben heißt unser Arzt uns Präservativmittel gegen die Cholera im Hause zu halten, die hier einzeln aber immer sofort tödlich aufgetreten ist. Es ist eignes Gefühl sich mit seiner Familie diesem ungeheuren Zufall preisgegeben zu wissen. Ich lebte noch niemals, wo diese Krankheit war.

7. Oktober

Der Brief ist unverantwortlich liegen geblieben, weil ich noch immer keine grünen Blätter vom Verleger erhalten habe, von denen eines ihn doch begleiten sollte. Aber morgen müssen sie kommen. – Ich habe, seit ich das Letzte schrieb, mich gar oft fragt: weshalb bist du nach Preußen, weshalb nicht nach Schwaben gekommen? Ich habe Vischers Aufsatz „Strauß und die Wirtemberger" gelesen, worin er die Süddeutschen und Norddeutschen (er meint freilich eigentlich die Berliner), gegenüberstellt, und mich durchweg den Ersteren viel verwandter gefühlt als seinen Norddeutschen, unter denen ich seit Jahr und Tag nun lebe. Mein Vater schrieb mir sogar neulich in ganz ernsthaftem Ton, er habe daran gedacht, sich am Neckar anzukaufen; die Heimat sei ihm doch verleidet. Daraus wird nun freilich nichts und er würde die Heimat auch in ihrer jetzigen traurigen Gestalt nur schwer entbehren können. Die Reise ist den Eltern übrigens gut bekommen, obgleich meinem guten Vater seine wirklich massenhafte Arbeit anfänglich etwas sauer geworden ist! Mir ist, als hätte ich mich dadurch erst recht Ihrer persönlichen Teilnahme versichert.

Vor einigen Tagen war ich in Berlin. Eggers und Lübke (Kunstmensch und vortrefflicher Klavierspieler) hatten Ihren „Mozart" gelesen und waren ganz entzückt davon. An die poetische Übersetzung der über Ihrem Sofa hängenden Landschaft habe ich mitunter gedacht[36]. Mit dem Vordergrunde käme ich in meiner Weise vielleicht zurecht; aber hinten! – Ich weiß nicht, wie sich das Mondlicht mit den Bergen verträgt. Ja wenns das Meer wäre! Z.B. will ich Ihnen eins dergleichen aus der demnächstigen zweiten Auflage der Gedichte ausplaudern[37].

Die beiden ersten Zeilen der vierten Strophe sind mir eigentlich noch nicht tief und individuell genug gefasst,

---

36 Storm, Meine Erinnerungen S. 161
37 Beigelegt ist „Am Strande bei Husum", Gedichte S. 10; zu Strophe 1 gibt Storm folgende Erläuterung: „W a t t e n" nennt man das schlammige Vorland, das von der Flut bedeckt und bei der Ebbe bloßgelegt wird.

obgleich der Sache nach richtig. Es kommt nämlich darauf an, das Geräusch des Windes von dem des Meeres zu trennen. Wie oft, wenn ich an stillen Herbstabenden aus meiner Hoftür und in meinen Garten trat, hörte ich in der Ferne das Kochen des Meers. Und ich liebte das! Schon damals; und wie erst jetzt!

13. Oktober

Gestern erst ist das „grüne Blatt" gekommen; so pack ich denn für diesmal zusammen und danke noch einmal herzlich, und Constanze mit mir, für die guten Stunden, die mir bei Ihnen und den Ihrigen geworden sind.

Ihr Th. Storm

11. Storm an Mörike

Potsdam, Waisenstr. 68. 2. Dezember 1855

Beifolgend, verehrter Freund, kommt nun die neue Auflage der Gedichte und bittet um ein Plätzchen auf Ihrem Repositorium. Viel Neues wird für Sie nicht darin sein: aber es ist nun doch alles hübsch beisammen. Hinzugekommen sind S. 6, 7, 29, 34, 57, 72, 73, 83, $^{n.2}$ 88, 100, 103, 111, 113, 116 und von ältern Sachen 154, 165, 183 außerdem die Zuneigung. Das Gedicht S. 29 hat eine eigene Geschichte. Als ich vorher reichlich zwei Jahren zum ersten Mal einer Sitzung der Berliner Künstler- und Poetengesellschaft, des sogenannten Tunnels, beiwohnte, wurde das abschriftlich beiliegende (es ist nicht gedruckt) Gedicht Kuglers vorgelesen und darauf besprochen. Mir gefiel es nicht, namentlich, weil mir der so sehr im Stoffe liegende Konflikt von Sitte und Leidenschaft ganz außer Acht gelassen schien. Ich äußerte dies leise gegen Eggers, der hinter mir saß; da ich mich aber hier des Weiteren nicht auslassen konnte, so vermaß ich kurzweg – denn in demselben Augenblick standen schon die ersten Verse meines Gedichtes mir vor Augen – eine Kritik in Beispiel zu liefern. So entstand das Gedicht; es ist später im Tunnel in meiner Abwesenheit vorgelesen worden und Eggers sagt mir, er habe Himmel und Hölle nie so dicht beisammen gesehen; Kugler war nicht damit einverstanden. Er Stoff ist überhaupt wohl kaum berechtigt; unsre Sitte sträubt sich so dagegen, dass es vielleicht unmöglich ist, das Interesse des Lesers für die Schwester zu gewinnen; auch ist der Schluss sehr heidnisch und ganz innerhalb der

Leidenschaft. Ich war daher lange zweifelhaft, ob es aufzunehmen sei. Was meinen Sie davon? Tiefe und Innerlichkeit wird man wenigstens der Behandlung lassen müssen.

Und nun noch ein Allgemeines. Sie sagen mir bei meiner Anwesenheit in Stuttgart, es habe Sie Wunder genommen, in meinen kleinen Sachen in Prosa keine Spur des Schmerzes über das Schicksal meiner Heimat zu finden. Wir kamen damals nicht dazu uns hierüber näher auszusprechen; die Antwort aber ist die: Sobald ich recht bewegt werde, bedarf ich der gebundenen Form. Daher ging von allem, was an Leidenschaftlichem und Herbem, an Charakter und Humor in mir ist, die Spur meist nur in die Gedichte hinein. In der Prosa ruhte ich mich aus von den Erregungen des Tages; dort suchte ich mir grüne stille Sommereinsamkeit.

Möge Ihnen denn nun auch diese zweite Auflage lieb sein, wie Sie die Erste freundlich bei sich aufgenommen haben. Könnten Sie irgendein Wort über dieselbe im „Morgenblatt" veranlassen, so würde mir das sehr lieb; ich möchte wohl in dem schönen Schwaben als Lyriker ein wenig bekannt werden. Doch sollen Sie sich deshalb in keiner Weise inkommodieren; es kommt mir jetzt fast vor, als nehme das „Morgenblatt" dergleichen nicht auf.

Das Märchen, oder wie es jetzt überschrieben ist, „Hinzelmeier. Eine nachdenkliche Geschichte", habe ich jetzt – es ist zuerst 1850 geschrieben – umgearbeitet, und zweifle ich nicht daran, dass es Ihnen besser gefallen wird, als die „Angelica", von der beiläufig ein Kritikus in der Spenerschen Zeitung behauptet, sie sei „so geziert geschrieben und überall auf den äußerlichsten Effekt berechnet, dass der Mangel an Originalität dadurch grell zutage trete".

Meine persönlichen Angelegenheiten anlangend, so bin ich noch immer in Erwartung einer festen Anstellung, was grade nicht zur Behaglichkeit des häuslichen Lebens beiträgt. Im Übrigen sind wir leidlich gesund. Lisbeth mit ihrem klaren Gesichtlein scheint mir ihrer Mutter ähnlich zu werden, womit ich denn wohl zufrieden bin; ich habe sie oft bei mir im Sofa sitzen, wenn ich schreibe; Sie wissen, ich bin ein passionierter Vater. Darum lassen Sie mich auch in Ihrem nächsten Briefe ein gründliches Wort von Fanny hören, und namentlich auch die Versicherung, dass Sie sie durchaus nicht aufregen. Hören Sie, Frau Gretchen, sorgen Sie dafür! Ich fange an, das bei meinem Hans jetzt zu bereuen. Das Lesen lernen greift ihn so an, körperlich, dass er oft dabei unwohl und dann total dumm wird, während der Riesenjunge Ernst durch dick und dünn liest und schreibt und dabei mit funkelnden Augen ausruft: „Das ist ja nur Spaß!". Der dritte, Karl, ist auch nur ein zartes Gewächs, aber ein kleiner kluger Plauderer. Nun möcht ich für meine drei Jungens das Märchen von Hänsel und Gretel dramatisieren, und mit einem wirklichen Pfefferkuchenhäusel am Weihnachtsabend zur Aufführung bringen, – wenn sich bis dahin nur noch die harmlose Stimmung finden will.

Von meinen Eltern sind gute Nachrichten da; meine Mutter ist seit einiger Zeit in Kiel, wo sie meinen jüngsten Bruder Aemil, der dort Medizin studiert, einen prächtigen Jungen, in einem jetzt glücklich überstandenen gastrischen Fieber gepflegt hat. Gestern Abend las ich in einer kleinen Gesellschaft Ihre „häusliche Szene"; ich hatte gerade die rechte Stimmung dafür; und „Sehr fein!" riefen wir ein übers andere Mal. Aber so gehts; früher, ich schrieb es Ihnen, gefiel sie mir nach dem „Turmhahn" nicht so recht. Jedes Ding will eben seine eigne Stunde haben.

Und nun leben Sie wohl für diesmal und haben Sie ein frohes Weihnachten mit ihren beiden lieben Frauensleuten und ihrer kleinen Fanny. Constanze grüßt Sie alle herzlich!

Und, liebster Mörike, wann reisen wir nach Husum?

Ihr Theodor St.

12. Storm an Mörike

Potsdam, Kreuzstr. 15. 3. Juni 1856

Diesmal, verehrter Freund, werden Sie aber ohne Antwort nicht loskommen; die sämtlichen Argonauten bitten freundlich darum. Die Sache ist die –. Der Buchändler Tremendt in Breslau will eine Art Jahrbuch für Kunst und Poesie herausgeben (*pro notitia*: die Sache ist noch Buchhändlergeheimnis), das mit dem Düsseldorfer Künstleralbum konkurrieren, womöglich aber etwas bessern Inhalt bieten soll und hat die Redaktion des Tertes (der auf sechs Bogen berechnet ist) den Dichtern der „Argo", die der (24) Bilder, von denen man nach Belieben einige zum Text gezeichnet sein können, einer Anzahl Berliner Maler Riefstahl, Burger, Arnold, Wiesnewsky, Hofemann, Menzel etc. anvertraut. In einer neulich abgehaltenen Versammlung wurde einstimmig beschlossen, Mörike, Geibel und Viktor Scheffel („Ekkehardt.", „Tromepter von Säckingen") freundlich zu ersuchen unserm Kreise beizutreten.

In diesem Auftrage komme ich denn heute zu Ihnen und bitte, uns nicht zu verschmähen und Ihre milden Beiträge diesenfalls wo möglich, namentlich wenn ein Bild dazu sollte, umgehend, spätestens aber in vier Wochen an mich einzusenden. Auch Prosa würde Ihnen bis zum Raum von einem Bogen gestattet sein. Das Honorar ist 16–20 Th. pro Bogen; ich werde Ihnen natürlich den höchsten Satz veranlassen.

Aber nun keinen Korb! Etwas bitte ich mir jedenfalls aus; zumal es vielleicht der einzige Dienst ist, den ich der

Sache leisten kann. Meine Taschen sind augenblicklich gänzlich leer; ich habe die letzte Zeit nur im preuß. Landrecht gelebt.

Ihr „Mozart", für den ich Ihnen nachträglich Dank sage, hat hier bei Alt und Jung, Mann und Weib den außerordentlichen Beifall errungen. Das Buch hat zu meiner Freude einmal rasch und glücklich durchgeschlagen. „Es ist", schreibt mir Kugler, dem ich es zum Geburtstag schickte, „eine überaus meisterhafte Arbeit, die mich aufs Tiefste innerlich angeregt und mir ungemein wohlgetan hat."

Wie gern hätte ich Ihnen meinen „Hinzelmeier, eine nachdenkliche Geschichte" geschickt; aber das Buch soll sofort mit L. Richterschen Illustrationen heraus und der liebenswürdige Meister leidet an den Augen; wodurch denn das Erscheinen zurzeit behindert ist. Es wird Ihnen, wenn auch nicht ganz, so doch im Ganzen besser gefallen, als mein Letztes. Kuglers treffliche Beurteilung der „Angelica" teile ich Ihnen ein nächstes Mal mit.

Meine Person anlangend, so bin ich gegenwärtig Strohwitwer; seit über 14 Tagen schon sind Frau und Kinder zu den Schwiegereltern nach Segeberg gereist; von dort geht es dann nach einigen Wochen zu meinen Eltern nach Husum. Ich bin vorläufig mit der Köchin Rese geblieben; werde aber, da mein Arzt mir wegen Augenschwäche zweimonatliche Ruhe und Kissingen anbefohlen, am Monat (9. Juni) nachfolgen, und wird mich Ihre Antwort unter der Adresse: „H. Justizrat Esmarch in Segeberg, Herzogt. Holstein" treffen. Meine definitive Anstellung ist aus Gründen des althergebrachten Schlendrians noch immer nicht erfolgt und so leben wir denn noch immer auf provisorischem Fuß im vollsten Gefühl der Heimatlosigkeit. Doch hoffe ich, dass die Sache bis zum Herbst in Ordnung kommt. Sonst haben Frau und Kinder sich wohl befunden; meine Jungens haben sogar etwas gelernt, sodass ich jedem von ihnen einen wirklichen Schreibebrief habe schicken können; Hans soll auch schon die Antwort selbstständig angefertigt und verlackt und dann vergessen haben.

Ihrer kleinen Fanny geht es hoffentlich ebenso gut wie unsrer – kleine kann ich von der großen Dirne kaum sagen – Liesbeth. Die Frauen sind doch bezaubernde Geschöpfe, und zwar sofort, sobald sie auf die Welt kommen!

Und jetzt für heute leben Sie wohl! Die Schrift verschwimmt mir vor den Augen. Grüßen Sie die Ihrigen, Frau und Schwester, herzlich von

Ihrem Theodor Storm

NB. Wie steht es mit der poetischen Reproduktion Ihres Landschaftsbildes?

13. Storm an Mörike

Heiligenstadt auf dem Eichsfelde. 3. Februar 1859.

Nein, mein verehrter lieber Freund und Meister, heute kann ich Ihnen denn doch ein paar Zeilen von mir nicht ersparen.

Ich muss ein wenig ausholen! – Im Herbst ist es zwei Jahre her, dass ich hier der Kreisrichterei obliege. Lange lebte ich hier nur meiner Familie und in großer Einsamkeit; ich hatte niemanden, der an mir und an dem ich einen herzlichen Anteil genommen. Da führte ein günstiges Geschick einen Sohn des kommandierenden preuß. Generals v. W... als Landrat des Kreises hierher, einen Mann von umfassender Bildung und jugendlicher Begeisterung für das Schöne, dabei von einer Amtstüchtigkeit, die ihn sicher noch einmal zu einer bedeutenden Stellung im Staate führen wird.

Wir beide und unsre Familien stehen in fast täglichem vertraulichsten Verkehr; wir verleben die heitersten anregendsten Abende miteinander. Natürlich wurden Ihre Dichtungen besprochen. Er kannte und besaß Ihre Gedichte; „Früh, wenn die Hähne krähn" war auch ihm als eine Perle haften geblieben. Ich gab ihm den „Nolten", den er noch nicht kannte. Er las und las, und konnte kein Verhältnis zu dem Buche finden; er fing an zu demonstrieren, ich fing an zu demonstrieren; die Tiefe der poetischen Anschauung und Empfindung ging an ihm verloren, weil er sich die Komposition des Ganzen nicht reimen konnte – wie·ihm denn überhaupt die Gedankenpoesie am nächsten steht – o wir wurden sehr wild; kommen im Menschenleben doch

Momente, wo man am liebsten mit der Faust demonstrieren möchte; und die Frauen nahmen auch Partei. Schließlich, wir blieben vor einander stehen, wie ja und nein.

Da gab ich ihm heut Vormittag den „Mozart", und heut Nachmittag, da ich mit Constanze und den Kindern – es sind ihrer immer nur noch die drei Jungens und die Lisbeth – beim Tee sitze, erhalte ich inliegenden Brief mit einem Begleitschreiben, das da beginnt: „Da hast du deinen verrückten Freund, weiß selbst nicht was ich geschrieben; bin ganz toll, habe geheult, habe – Himmel tausend Donnerwetter, will denn der Parorismus nicht wieder fort! Hätte ich die verfluchten – (das alte Actenübel nämlich) – nicht, ich kaufte mir einen!", und ferner: „Also du entscheide und bewahre mich vor einer Dummheit oder Lächerlichkeit!"

Ich meinerseits, dieser gründlichen Belehrung froh, gebe diese Briefe sofort zur Post und versichere nur noch, dass mein Freund ein Mensch von dem vortrefflichen Herzen ist. Lassen Sie sich daher seine Freude und Liebe gefallen. Wollen Sie noch etwas von mir und den Meinigen Wissen? Wir sind alle leidlich wohl; aber die saftige Quelle der Jugend beginnt allgemach mir zu versiegen. Leider schreibe ich nicht mehr. Dennoch werden sie diesen Herbst ein neues Buch von mir erhalten mit vier kleinen Stücken Prosa. Das erste „Auf dem Staatshof" (in der „Argo" *pro* 59 abgedruckt) ist so recht aus heimeliger Erinnerung erwachsen und wir Ihnen, glaub ich, mehr zusagen, als was sie zuletzt von mir gesehen; außerdem wird das Büchlein enthalten: „Wenn die Äpfel reif sind" (in der „Argo" *pro* 57) und „Posthuma" und „Häwelmann" aus den Sommergeschichten.

Ihre Mitteilung des Hölderlinschen Liedes in dem Düsseldorfer Album erinnerte mich lebhaft an den Abend in Stuttgart, wo Sie es mir im Manuskript zeigten. – Wie gern säh ich sie Sie einmal wieder, Ihre Frau, Ihre Schwester und die kleine Fanny, Wenn Sie doch einmal kommen könnten!

Jetzt, wo auch W... da ist, dessen Haus und Garten frei im Angesicht der Berge liegt und der die reichste angenehmste Häuslichkeit hat, würde es Ihnen im Sommer schon eine Zeit lang hier gefallen.

Oder wollen Sie im August mit nach Husum an die Nordsee, nach den Friesischen Inseln? Ich reise dann zum ersten Mal von hier nach Haus zu meinen alten Eltern, die noch in gleicher Rüstigkeit stehen, wie Sie damals in Stuttgart kennen gelernt. Auch ihre Herzen sind noch so warm geblieben, wie sonst, und die Liebe aus der Heimat lässt mich im fremden Land nicht los. Noch zum letzten Weihnachten wurde uns von den Eltern ein Klavier geschenkt, was ich seit meiner Auswanderung entbehrt hatte. So ist die Hausmusik denn auch wieder da; wenn nur auch die Stimmen sich wieder herstellen ließen!

Die Schwester, die damals mit in Stuttgart war, ist leider seit Jahr und Tag im Irrenhaus; es war die letzte lebende Tochter und meine Mutter hat dies Leid wohl nur dadurch überwunden, in etwas wenigstens, dass mein jüngster Bruder, ein liebenswürdiger Junge und verlobt mit einer ebenso liebenswürdigen Braut, einer Schwester meiner Frau, seit einem Jahr als schon viel beschäftigter Arzt in Husum lebhaft, und so in der alten Heimat das Fortbestehen der Familie hoffen lässt. Doch – da führ ich Sie, meiner Gewohnheit gemäß schon wieder in die *interna* unseres Hauses. Aber – wir grüßen Sie alle herzlich!

Ihr Theodor Storm

14. Storm an Mörike

Heiligenstadt, 23 November 1862.

Lieber schweigsamer Mann, angeschlossen erhalten Sie mein neuestes Buch, „Auf der Universität", vor das ich mir erlaubt habe Ihren Namen zu setzen. Möge Sie es dieser Verbindung nicht völlig unwert erachten!

Ich und die Meinigen leben und sind auch leidlich gesund; zu den drei Knaben und der Lisbeth ist vor zwei Jahren eine Lucie gekommen; ein Sechstes wird nach Neujahr erwartet. So wird das Mädchen immer ein wenig schwerer. Meine Eltern, die Sie damals in Stuttgart sahen, haben wir im vergangenen Sommer mit allen fünf Kindern in der Heimat besucht; sie sind eigentlich noch ohne die Beschwerden des Alters.

Könnte ich doch einmal wieder ein Wort, ein unmittelbares, über Sie und die Ihrigen erfahren! Indessen reden oder schweigen Sie, ich bleibe unter allen Umständen in alter Liebe und Verehrung.

Ihr Th. Storm

15. Storm an Mörike

Husum, 3 Juni 1865.

Mein verehrter Freund!

Nach langer Zeit komme ich wieder einmal zu Ihnen; diesmal aber als ein Mann, dessen Lebensglück zu Ende ist und über dessen Zukunft die Worte stehen, die Dante über seine Hölle schrieb.

Aus der Zeitung haben Sie vielleicht erfahren, dass ich im Frühjahr d.J. zu einer ehrenvollen Stellung in die Heimat zurückberufen wurde. Seit März d.J. bin ich als Landvogt (d.h. Justizbeamter und Polizeimeister des Amtes – Landbezirk Husum) konstituiert und wohne wieder in der alten „grauen Stadt am Meer". Im Mai d.J. folgte mir meine Frau mit den sechs Kindern von Heiligenstadt hierher. So lebten wir denn wieder, wo wir einst gelebt, mit den beiden noch rüstigen Eltern und einem jungen so ganz zu uns gehörenden Geschwisterpaar, meinen jüngsten Bruder, einem viel beschäftigten Arzte, und seiner Frau, einer jüngeren Schwester der meinigen; vor einigen Wochen bezogen sie ein Haus neben uns, sodass wir durch die Zaunlücke unsrer Gärten zueinander kommen konnten. Wie in Heiligenstadt hatte ich schon einen großen Gesangsverein begründet, in dem auch die beiden lieben Frauen mitsangen. Aber es sollte nicht so bleiben; die eine ist von uns gegangen; meine Constanze. Nach dem Sie am 4. Mai d.J. unser siebentes Kind, eine Tochter geboren, ist sie am 20. des Ms. nach schwerem Kampfe, zuletzt doch sanft, an dem überall jetzt epidemlich auftretenden Kindbettfieber gestorben. Nachdem ich mit Freundeshilfe sie, wie wir es in gesunden Tagen versprochen, selbst in ihren Sarg gelegt, wurde sie in der Frühe eines köstlichen Maimorgens von den Mitgliedern meines Gesangvereins nach unserer Familiengruft getragen; als die neugierige Stadt erwachte, hatte ich schon all mein Glück begraben. – Sie wissen ja, dass ich Ihren glücklichen Glauben nicht zu teilen vermag; Einsamkeit und das quälende Rätsel des Todes sind die beiden furchtbaren Dinge, mit denen ich jetzt den stillen unablässigen Kampf aufgenommen habe. Gleichwohl bin ich nicht der Mann, der leicht zu brechen ist; ich werde keines der geistigen Interessen, die mich bis jetzt begleitet haben und die zur Erhaltung meines Lebens gehören, fallen lassen; denn vor mir – wie es in einem Gedichte heißt – liegt Arbeit, Arbeit, Arbeit! Und sie soll, soweit eine Kraft reicht, getan werden.

Nun aber kommen meine Kinder und dich bei Ihnen betteln. Sie besitzen ein Bild unserer geliebten Toten, das am genausten ihre äußere Erscheinung wiedergibt, wenn auch jener Ausdruck süßester, holdenster Herzensgüte nicht darin lebendig geworden ist, der, wo sie immer gelebt hat, alle Menschen entzückt und ihr alle Herzen gewann. Wenn Sie das Bild noch besitzen, so geben Sie es uns zurück! Ich werde Fotografien davon machen lassen und Ihnen davon eine, sowie später auch eine Fotografie eines schönen *en face* aufgenommenen Kreidebildes schicken, an dem der Maler, mein Freund Ludwig Pietsch, der es in glücklicher gezeichnet hat, aber noch einen fremden Zug um den Mundwinkel beseitigen muss. Wenn Sie die Güte haben, uns jenes Typbild zu schicken, so sind ihre Frauen wohl so freundlich es in ein sicheres Kästchen fest einzulegen, denn ich zittere vor einer Verletzung dieses unersetzlichen Kleinods.

Wenn Sie mir dann vielleicht ein Wort dabei schreiben, werde ich dann auch über Sie, Ihre Frau, Ihre Schwester, und ihre Kinder etwas hören? Meine Liesbeth soll, denke ich, im Laufe des Sommers als Gegengabe für Fanny und Schwesterchen im Bilde bei Ihnen erscheinen; zu Weihnachten hoffentlich auch ein Büchlein „drei Märchen" – „die Regentrude" – „Bulemanns Haus" – „Der Spiegel des Cyprianus" – die ich alle noch unter den Augen der geliebtesten Frau geschrieben habe.

Mit herzlichem Gruß an Sie und die Ihrigen

Theodor Storm

Wie haben meine Frau und ich uns noch in letzter Zeit wiederholt an Ihrem schönen Gedichte „Erinna an Sappho" entzückt! Nicht ahnend, dass der Eine von uns so bald dem Andern in die nachtschaurige Kluft nachblicken sollte.

16. Mörike an Storm

Stuttgart, d. 10 Juni 1865.

Verehrter teurer Freund!

Gleich mit den ersten Zeilen Ihres Briefes erriet ich alles! – Ein angstvoll voreilender Blick auf die folgende Seite bestätigte mir's. – Ich fing von Neuem an zu lesen und als ich fertig war, vermochte ich lange nicht meine Leute zu rufen, um es ihnen zu sagen. Mein erster Eindruck war ein dumpfer Schreck, ein verworrener Schmerz, augenblicklich mit tausend bitteren Gedanken versetzt, die sich wieder mich kehrten. Um die reine Empfindung der edelsten Trauer und deren Ausdruck Ihnen gegenüber sollte ich mich, so schien es durch eine Reihe unbegreiflicher Versäumnisse ganz und gar selbst gebracht haben. Und doch kam es bald anders, es war etwas in mir, das mich auf Ihre Güte hoffen ließ, nachdem dies redliche Bekenntnis abgelegt wäre. Bester Mann, ich kann für diesmal nicht viel weiter sagen, allein ich komme sicherlich in nächster Zeit wieder. Hier folgt das liebe Bild. Wie oft ist es die Jahre her von uns und anderen beschaut und bewundert worden! Wir haben es zum Abschied noch einmal alle lange angesehen und trösten und auf den von Ihnen gütigst verheißenen Ersatz.

In ihrem letzten Büchlein[38] kommt die herrliche Beschreibung eines in Mittagseinsamkeit von Bienen

---

38 Auf der Universität

umsummten blühenden Bäumchens. Diese Schilderung (mit der ich schon manchen Freund einen vorläufigen Begriff der süßesten Reize Storm'scher Malerei gegeben habe) trat mir in diesen Tagen ungesucht auf einmal vor die Seele und ich wusste kein schöneres Bild für den stillen Verkehr Ihrer Gedanken mit der geliebten Frau im Nachgenuss alles dessen, was Sie an ihr hatten. Erhalten Sie sich Ihren männlichen Mut für das Leben, für Ihre ruhmvolle Tätigkeit nach mehr als einer Seite.

Wir grüßen Sie und Ihre Lieben auf das Innigste; ich aber insbesondere bin mit unveränderlicher Verehrung und Anhänglichkeit der Ihrige.

E. M.